Lis Levell

Mord als Zugabe

Ein Kriminalroman

Zur Autorin

- ✗ Mehr als 200 deutsch- und englischsprachige Songtexte, veröffentlicht unter dem Pseudonym Lisa Donna-May
- ✗ Pädagogische Fachartikel
- ✗ Poetische Prosagedichte
- ✗ Heiter-ironische Kurzgeschichten und Szenen
- ✗ Solokabarett »Freiheit zum Dessert«
- ✗ Romane

www.lis-levell.com

Von Lis Levell lieferbar:
Ruck Zuck Kochen (Kochbuch) 2015
Erste Reihe Achterbahn (Lebens- und Liebesroman) 2018
Mord auf Krankenkasse (Lebens- und Kriminalroman) 2019
vitamin·reich & trink·fest (Lebens- und Liebesroman) 2020
Mord mit Abschlusszeugnis (Kriminalroman) 2021
Freiheit zum Dessert (Lebens- und Liebesroman) 2022

Inhaltsverzeichnis

Mord als Zugabe

Die Personen und die Handlung des Romans sind frei erfunden. Etwaige Ähnlichkeiten mit tatsächlichen Begebenheiten, lebenden oder verstorbenen Personen wären rein zufällig.

Hinweise zu Bühnensprache und technischen Ausdrücken sind im Anhang zu finden.

Wenn man zweimal leben könnte

Da lag sie nun – Nicole Sedlacek, die beherzte, mitfühlende, stets gut gelaunte Kriminalbeamtin. Hingestreckt auf dem kalten, unappetitlichen Estrich der Tiefgarage. Das rechte Bein unnatürlich verdreht durch den jähen Aufprall, ein klebriger, roter Fleck auf der linken Brusthälfte, der sich langsam ausweitete, ihre Dienstwaffe, die sie nicht mehr abfeuern hatte können, sinnlos griffbereit auf dem Boden neben ihr.

Sebastian Seiler, engster Berufskollege und Mitstreiter in der Abteilung Gewaltverbrechen, breitete eine Rettungsdecke über die reglose Gestalt und murmelte ungerührt: »Typischer Anfängerfehler, Nicole. Oder wie du mich frauenrechtlerisch und ein wenig aufmüpfig korrigiert hättest: Anfänger*innen*fehler!«

»Sparen Sie sich Ihren Nachruf, Seiler«, grantelte Gernot Eckensperger, Leiter des Morddezernats und direkter Vorgesetzter der beiden. »In fünf Minuten im Büro zum Besprechen der Übung. Auch Sie, Fräul… äh … Frau Kollegin Wagemutig. Auf, auf! Und basteln Sie schon mal eifrig an einer gehörigen Rechtfertigung für Ihr riskantes, um nicht zu sagen saublödes Manöver.«

Die Gescholtene schlug die Folie zur Seite und erhob sich umständlich. Ihr Knie schmerzte vom Sturz nach der lebensnahen Umsetzung des auf sie abgefeuerten »Todesschusses«. Sie nahm ihre Pistole an sich, klopfte den Staub von der Uniform und hinkte den Männern hinterher.

Neben der Aufzugstür lümmelte der junge Polizist, der den flüchtenden Täter gemimt und auf sie gezielt hatte.

»Mitten ins Herz und das aus einer Entfernung von 30 Metern. Und als Draufgabe fällt mir die verehrte Kollegin noch ›vor die Füße‹. Hinreißend!«

»Dann werden es keine 30 Meter gewesen sein! Oder welche Schuhgröße haben Sie?«, knurrte Nicole, deren Wut in erster Linie gegen sich selbst gerichtet war.

Einsatzfreude und Risikobereitschaft, gesunde Dienstauffassung und Hingabe an den Beruf, schön und gut. Aber zu welchem Preis?

»Solche Übungen sind genau dazu da, um ähnliche Fehler im beruflichen Alltag zu vermeiden«, beruhigte sie sich.

Exakt das würde sie ihrem grobklotzigen und manchmal auch großkotzigen Chef beim nun folgenden Evaluierungsgespräch entschlossen erklären. Und im selben Atemzug, dass er sie nicht immer wieder »Fräulein« oder neuerdings »Frau Kollegin« mit mehr oder eher weniger schmeichelhaften Zusatzbezeichnungen nennen solle.

Zugleich wusste die emanzipierte Beamtin, beides würde vom Tisch gefegt werden. Ihr Chef duldete keine Fehler, strohdumme, leichtsinnige schon gar nicht, weil er über das beste Team verfügen wollte. Und seine Einstellung zu genderkonformer, respektvoller Sprachsensibilität war ihr ebenso hinlänglich bekannt.

»Einem Bullen kann man eben keinen Spitzentanz beibringen«, hatte sie ernüchtert zur Kenntnis nehmen müssen.

Deshalb hielt sich Nicole seine positiven Eigenschaften vor Augen. Und das Bild vom Stier im zuckerlrosa Tutu. Meist musste sie dabei schmunzeln. Heute funktionierte dies nicht wirklich. Ja, er würde sie und gewiss auch Sebastian, der ihr nur mäßig Deckung gegeben hatte, zur Schnecke machen und mit Vorwürfen zuschütten. Andererseits würde er gegenüber dem Polizeidirektor jedwedes Versagen auf sich nehmen und sich schützend vor seine beiden Mitarbeiter schieben. Dass eine davon eine Mitarbeiter*in* war, würde er wie gewohnt ignorieren. Da half selbst der Kommunikationskurs zu diversitäts- und geschlechtergerechter Formulierung wenig, zu dem man ihn verdonnert hatte.

Nochmals andererseits gab es derzeit keinen Polizeidirektor, zumindest keinen »echten«. Lediglich einen provisorischen, der bis zur Ernennung eines Nachfolgers diese Aufgabe zusätzlich zu seinem Tätigkeitsfeld in der Generaldirektion für öffentliche Sicherheit ausüben musste. Ein trockener Bürohengst war das, genau genommen ein lahmer Gaul. Hans Hermann Schwingenschlögel – sein Nachname war das einzig Schwungvolle an ihm. Jeden Montag landete ein Schreiben mit neuen Vorschriften, Hinweisen und unbrauchbaren Verhaltensregeln in den Maileingängen seines Beamtenstabs.

Der aufgeblasene, bis vor drei Monaten »dienende«, oberste Chef der Behörde hatte wegen eines Skandals rund um Korruption, Vertuschung und Freunderlwirtschaft im Innenministerium seinen Hut nehmen müssen. War zunächst suspendiert, dann in die Abteilung »Fremdenpolizei und Anhaltevollzug« rückversetzt worden. Eckensperger, der an der Aufdeckung der Missstände mit einhergehender Degradierung maßgeblich beteiligt gewesen war *(nachzulesen in »Mord mit Abschlusszeugnis«),* war davon hin- und hergerissen.

Obwohl der großspurige Designeranzugträger einen gehörigen Dämpfer mehr als verdient hatte, vermisste der Hauptkommissar den regelmäßig geführten Schlagabtausch mit seinem Vorgesetzten.

Die Evaluierung der – für Nicole im wahrsten Sinn des Wortes – Fallübung hatte es in sich. Zum Auftakt setzte es den berühmten Eckensperger Vulgärrülpser »Ich wusste gar nicht, wie hoch man Dilettantismus stapeln kann!«, danach eine beträchtliche Menge Rügen, Belehrungen und süffisante Seitenhiebe auf amateurhaftes Verhalten.

Schon einmal hatte er seiner Mitarbeiterin im Zuge einer Ermittlung in der Wohnung eines Mordopfers ermahnt, sie müsse jederzeit mit dem Schlimmsten rechnen. Allerdings war es damals bloß um das Auffinden einer – zugegebenermaßen ekeligen – privaten Reptilien- und Amphibiensammlung gegangen.

Nicoles Knie schmerzte, mehr noch die Eröffnungsworte ihres massigen Chefs mit der Stoppelglatze: »Nun, was haben Sie zu Ihrer lausigen Vorstellung zu sagen?«

Die Zurechtgewiesene räusperte sich verlegen.

»Wenn wir mit einem dritten Mann ausgerückt wären, wenn Seiler mir besseren Feuerschutz geboten hätte, wenn ich eine kugelsichere Weste getragen hätte oder irgendeine Verstärkung …«

»Wenn, wenn … hätt' i, war i, tät i …«, blaffte ihr Vorgesetzter. »Wir sind hier nicht bei ›Wünsch dir was‹. Bei einem Einsatz zählen konsequentes Vorgehen, eiskalte Reaktion, nacktes Kalkül und perfektes Zusammenspiel. Alles andere hat Platz bei Kinderjausen. Verstanden?«

Eckensperger legte lediglich eine Miniatemholpause ein, um sofort weiterzupoltern: »Was hat Sie dazu bewogen, einem bewaffneten Amokläufer blindlings hinterherzustürmen, ohne sich zu vergewissern, ob Ihr Einsatzpartner zur Stelle ist? Und warum, zum Teufel, machen Sie obendrein den Täter durch einen Zuruf auf sich aufmerksam?«

»Weil es Vorschrift ist«, erwiderte Nicole standhaft auf die zweite Frage. Ihre feuerrot gefärbte Haarsträhne, die vorwitzig aus dem brünetten Schopf über ihre linke Schläfe fiel, leuchtete mit den erhitzten Wangen um die Wette.

»Glauben Sie, ich würde heute hier vor Ihnen stehen, hätte ich stets vorschriftsmäßig gehandelt? Ein ›Halli hallo, hier ist die Polizei, Ihre lebende Zielscheibe!‹ heben Sie sich für eindeutige Situationen auf, und der Warnschuss muss nicht immer der erste abgefeuerte sein. Haben Sie das verstanden? Falls der Täter noch lebt, steht Aussage gegen Aussage, vor allem aber *Sie* sind am Leben und *sein* Bein schmerzt, weil *Sie* ihn angeschossen haben.«

»Verstanden«, nickte die pflichtbewusste Beamtin, die zwar verstanden hatte, sich jedoch mit der Sichtweise ihres Chefs keineswegs einverstanden zeigte und deshalb ein halblautes »Aussage gegen Aussage ist gut! Pah! Wenn andererseits die Sachverständigen klären, der Schuss sei direkt von hinten erfolgt, wird man mir nicht abnehmen, mich bemerkbar gemacht zu haben.« hinterherschickte.

»Papperlapapp, dann hat er eben nicht reagiert. Schließlich und endlich schreiben *Sie* den Bericht! Am besten, Sie schießen so, dass es erst gar nicht zu einer

Gegendarstellung durch den Verbrecher kommen kann.«

»Alte Schule«, befand Nicole, wissend, dass in Eckenspergers deftigem Ausbruch gleichzeitig ein wenig Sorge um sie mitschwang. »Trotzdem möchte ich den Rüpel nicht gegen einen Bürokraten und Ja-Sager eintauschen wollen.« Sie seufzte zustimmend und bedachte ihren Chef mit einem Blick, der »Hab' schon kapiert« und »Brems dich jetzt ein« gekonnt kombinierte.

Der schüttelte verärgert den Kopf und brummelte etwas von »Nicht nur oberg'scheit daherreden soll man, auch können muss man's …«

»Sie meinen also, ich wäre für Außeneinsätze nicht geeignet?«, begehrte die engagierte Beamtin auf.

»Doch, Fräul… Frau Kollegin ›Schieß mich tot‹! Zum Verkehr regeln oder zum Runterholen von Selbstmordkandidaten vom Dach oder Retournieren von jungen Ausreißern an deren Helikoptereltern. Darin sind Sie unverzichtbar. Wegen Ihrer Empathie und so.«

Der Dezernatsleiter versetzte ihr einen väterlich-sanften Fausthieb gegen die Schulter und wandte sich seinem zweiten »Opfer« zu. Warum sollte Sebastian verschont bleiben?

»So, Seiler, was haben Sie zu der ganzen unrühmlichen Geschichte anzumerken?«

»Alles bestens, ich liebe Happy Ends«, versuchte sich dieser wie gewohnt mit einer flapsigen Antwort.

Nicole wusste nicht, ob sie grinsen oder Sebi in den Hintern treten sollte.

»Lassen Sie Ihre Scherze!«, fauchte Eckensperger. »In der Realität schaut's nämlich düsterer aus. Da können Sie an einem geschliffenen Bericht feilen, sich vor den

Gottobersten rechtfertigen und stündlich mit einer Tachtel von mir rechnen! Feuerschutz geben ist was anderes als Sie da grad zusammengestümpert haben. Ihre Reaktionszeit ist eine Katastrophe! Gehen Sie in den nächsten Supermarkt und schauen Sie den Rentnern zu, sobald eine neue Kassa aufgemacht wird. Da können Sie was lernen in dieser Hinsicht!«

Sebastian setzte zu seiner Selbstverteidigung an: »Wäre ich, wie Sie vorschlagen, dicht hinter Frau Sedlacek auf die Parklücke zugelaufen, hätte der Schütze mich im Visier gehabt und ich wäre an ihrer Stelle gelegen. Sein Mündungsfeuer …«

»Ein Happy End nach meinem Geschmack«, schnitt ihm Eckensperger das Wort ab.

Nicoles Mitgefühl und Kameradschaft zeigte sich in der Fürsprache zugunsten ihres Kollegen.

»Das war heute eine wirklich knifflige Ausnahmesituation. Auf meinen Partner kann ich mich im Ernstfall immer verlassen.«

Auf ihren Vorgesetzten machte die Behauptung minimalen Eindruck.

»Berühmte letzte Worte! Genauso wie ›Der Attentäter hat bereits sein Magazin leergeschossen‹ oder ›Gesichert, hier besteht keine Gefahr‹.«

Im Anschluss an das theoretische Feedback wurde der Ablauf der Übung bis ins kleinste Detail zerpflückt, nachgestellt und verbessert ausgeführt.

Letztendlich konnte jeder der drei befriedigende Resultate vermelden: Eckensperger hatte seinen Chefstatus gepaart mit seiner reichen Erfahrung gekonnt ausgespielt, Nicole und Sebastian hatten enorm dazugelernt und fühlten sich für die raue Wirklichkeit besser gerüstet. In erster Linie aber war der Freitagvormittag kurzweilig verlaufen, und das Team freute sich auf das Essen in der Polizeikantine, eine entspannte Mittagspause, den Dienstschluss um 15:00 Uhr und ein Wochenende ohne Bereitschaft.

Die Freude währte nicht lange. Sebastian hatte soeben seine runde Retrobrille abgenommen und zum ersten Mal an seinem obligaten Cappuccino nach dem Mittagessen geschlürft, Nicole verstohlen ihr schmerzendes Kniegelenk mit Arnikacreme aus ihrer privaten Apotheke in der zweiten Schreibtischschublade eingerieben und Eckensperger erfolglos einen Platz zum Abstellen des mitgebrachten Desserttellers auf seinem überfüllten Arbeitstisch gesucht, als nahezu synchron sanfte Signaltöne eine einlangende Nachricht auf jedem der drei PCs ankündigten. Postwendend steckte die Praktikantin Sabine Hofstädter ihre adrette Haarmähne durch die Tür und verlautbarte in amtlichem Ton: »Rundmail vom Polizeidirektor persönlich! Extraeinsatz! Wollte nur sofort darauf hingewiesen haben.«

Nicole war die Erste, die das Schreiben geöffnet und die Zeilen überflogen hatte.

»Frohe Botschaft!«, verkündete sie mit sarkastischem Unterton. »Freier Samstag sowie genehmigter Zeitausgleich, auch stundenweise, gestrichen. Alle verfügbaren Kräfte müssen aufs Freiluftgelände, Rockkonzert von ›Black Fire‹ heute und morgen. Das heißt wohl Taschendieben, Drogendealern und Ticketschwarzhändlern auf die Finger schauen. Vielleicht ist sogar eine Bomben- oder Morddrohung gegen einen der Musiker eingegangen? Oder es werden Auseinandersetzungen zwischen volltrunkenen Fans erwartet? Höchstwahrscheinlich lässt unser Reservepolizeidirektor einfach Sicherheit vor Kosten gehen und beugt einem eventuellen Risiko großzügig vor.«

»So, so«, grummelte Eckensperger selbstgefällig. »Dürfen wir wieder einmal Babysitter für ein paar exaltierte, öffentlich anerkannte Krawallmacher – und damit meine ich nicht ausgerastete Anhänger, sondern die auf der Bühne – spielen?«

Nicole hob erstaunt den Kopf.

»Und ich dachte, Sie stehen auf Hardrock? ›Black Fire‹ war ja mega-in in der Generation meiner Eltern.«

Eckensperger starrte sie fassungslos an.

»Also doch mehr der Country- und Westernmusikliebhaber?«, wagte seine Mitarbeiterin einen weiteren Rateversuch.

»Keinesfalls! Und bevor Sie mich unnötig strapazieren: obendrein kein Folk, keine Militärmusikblaskapellen, weder Klassik noch Heavy Metal. Mit Musikern habe ich schlechte Erfahrungen gemacht.«

»Sagen Sie bloß?«, wunderte sich Nicole.

»Ja. Vor Jahren zum Beispiel bei einem Spontanurlaub mit meiner zweiten Frau in Nantes, der alten Hauptstadt der Bretagne, fand ich einen Hut voller Münzen. Kaum hatte ich ihn aufgehoben, wurde ich von einem wütenden Mann mit Gitarre verfolgt und aufs Heftigste attackiert. Dem habe ich aber eine verpasst und das Fundstück bei den örtlichen Kollegen von der Police nationale abgegeben.«

»Und? Was haben die gesagt?«

»Keine Ahnung, ich habe kein Wort verstanden. Die reden ja alle nur französisch.«

Ich bin eine anständ'ge Frau

Kurz vor 14:00 Uhr machte sich das eckenspergerische Dreigestirn unverhofft und gemäß der Dienstanweisung auf den Weg Richtung Festgelände am südlichen Stadtrand.

Nicole und Sebastian in ihren Uniformen, ihr Vorgesetzter in ausgebeulter, ockerfarbener Cordhose und einem schlecht sitzenden, mittelbraunen Sakko, das Heintje in Kinderstarzeiten erlebt haben musste.

»Ich kenne keinen, der Schnürlsamthosen trägt und nicht im Altersheim lebt«, raunte Sebastian seiner Kollegin fröhlich zu.

»Haben Sie etwas auf dem Herzen, Seiler?«, forschte der Hauptkommissar nach und blickte den selbsternannten Modeexperten fragend an.

»Ich meinte, alles besser, als bis Dienstschluss im Büro zu sitzen und Berichte zu verfassen«, parierte dieser geistesgegenwärtig.

»Nur schreiben sich die nicht von allein und das wird uns nach dem Einsatz gehörig unter Druck bringen«, dämpfte sein Chef den jugendlichen Enthusiasmus. Außerdem war damit zu rechnen, dass infolge der Sonderbereitschaft neuerliche Verschriftlichungen anstanden.

Insgeheim gab Eckensperger seinem Kollegen recht. Wie viele sinnlose Seiten mit fantasievollen Nacherzählungen von Tathergängen, Argumentationen seiner »manchmal« ungestümen Vorgehensweise, Klarstellungen, die von der Wahrheit noch weiter entfernt waren, als die zurückgeschmissene Ausführung, hatte er in seiner bald dreißigjährigen Polizeilaufbahn nicht schon zu Papier gebracht? Bände ließen sich füllen, hielte sich die Leserschaft nicht ebenso in Grenzen wie seine Dokumentationslust.

Als könnte Sebastian Gedanken lesen, seufzte er: »Ein Schriftsteller macht wenigstens Kohle mit seinen Elaboraten. Oder wird berühmt. Erst unlängst hat ein deutscher Kriminaler im Ruhestand seine Memoiren – anonymisiert natürlich – veröffentlicht. In den Bestsellerlisten ist er nach oben geschossen, die Zeitungen haben über ihn berichtet, Fernsehauftritte in Talkshows hat er gehabt, Autogrammstunden …«

»Träum weiter, Sebi-Bub, mach lieber einen Rechtschreib- und Grammatikkurs«, zerstörte Nicole jede Illusion ihres vorlauten, sommersprossigen Verbündeten.

Der wusste sich zu wehren und erklärte aufgekratzt: »Ein Einstiegskapitel hätte ich bereits: ›Nur tote Kolleginnen sind gute Kolleginnen‹ mit einer blumigen Schilderung deiner heutigen Dramaqueen-Aufführung in der Tiefgarage. Dazu das Foto, das ich von dir mit meiner Handykamera aufgenommen habe …«

»Das löschst du auf der Stelle, sonst haben deine Eltern ab sofort keinen leiblichen Nachkommen und Erben mehr!«, drohte Nicole.

Die Kampfansage wurde mit einem lapidaren Achselzucken quittiert: »Mit Beschwerden wenden Sie sich vertrauensvoll an meinen Agenten.«

Je näher sie ihrem Einsatzort kamen, umso ins Auge fallender häuften sich die Plakate mit der Ankündigung der vergangenen Schlagernacht. Am gestrigen Donnerstag hatte noch Jonny Schlager die Fanmassen des softeren Musikgenres, vornehmlich Frauen von 40 aufwärts, begeistert.

Nicole ertappte ihren Boss beim Naserümpfen.

»Dass Sie kein Schlagerfuzzi sind, ist mir klar. Aber irgendeine Richtung müssen Sie doch mögen? Jazz vielleicht? Oder Blues? Oder Rap?«, griff Nicole das Thema von vorhin nochmals auf.

Dermaßen rasch wollte sie sich nicht geschlagen geben. Das Leben ohne Musik, zumindest in der passiven Konsumentenrolle, war für sie unvorstellbar.

Eine Sichtweise, die von ihrem Chef nicht geteilt wurde.

»Bleiben Sie mir endlich mit Musik vom Leib, Frau Kollegin Notenschlüssel.«

»Vermutlich irgendein traumatisches Gute-Nacht-Lied-Erlebnis aus der Kindheit«, warf Sebastian dazwischen.

Eckensperger überging den Scherz, wie er unliebsame Verzögerungen seiner Monologe stets ausbremste.

»Es gibt kein verlogeneres Geschäft als das Musikbusiness. Denken Sie an meine Worte! Wovon die alle singen: die wah-ha-hare Liebe vorgetragen von einer mehrfachen Ehebrecherin, Peace und Freiheit gejodelt vom wiederholt vorbestraften, englischen Popbarden, ein Leben in Einklang und Harmonie geschmettert vom als Schnulzenheini getarnten Rechtsradikalen. Dazu die ganzen Eifersüchteleien unter den Kontrahenten, Musiker, die willfährig nach der Pfeife des Produzenten und dem Mainstream tanzen. Pfui Teufel! Ein Bier am Würstelstand beim Bahnhof, im Hintergrund die ratternden Züge … – das hat was!«

Musik war eben nicht sein Ding. Eckensperger pflegte zu keinem Stil irgendeine wie auch immer geartete Beziehung. Sein Teenagerzimmer hatten Posters von Boxchampions, Iron-Man-Ikonen und Eishockeycracks geziert. Die Wochenenden in seiner Jugend hatte er statt auf Konzerten oder in Discos bevorzugt auf Fußballplätzen, bei Motorradrennen sowie in Selbstverteidigungskursen verbracht. Mit dieser Einstellung konnte er natürlich keine Pluspunkte in seinen beiden misslungenen Ehen sammeln. Für Musikevents, im extremsten Fall Tanzveranstaltungen, war er nicht zu haben gewesen. Griesgrämig stapfte er neben seinen beiden Grünschnäbeln einher.

Das Open Air-Gelände glich einer Müllhalde. Die Wiese, respektive, was von ihr an niedergetrampelten Hälmchen übriggeblieben war, war übersät von Flyern, Autogrammkarten, abgebrannten Wunderkerzen, Einwegfeuerzeugen, leeren Bierdosen und Pappbechern. Sogar ein BH, mindestens Größe 95D, lag im aufgewühltem Erdreich.

»Wahrscheinlich nicht weit genug geworfen«, mutmaßte Sebastian. »Entschuldigt mich eine Minute, ich muss kurz austreten. Der Cappuccino strebt nach draußen.«

»So genau wollen wir das gar nicht wissen!«

Eckensperger schickte ihn mit einer unwirschen Handbewegung fort.

Dann wandte er sich an seine Mitarbeiterin: »Und ich dachte bisher, die Schlagerwelt wäre eine heile, saubere, geradezu klinisch sterile. So wie es hier aussieht, beschleichen mich leise Zweifel.«

»Was für die Texte gelten mag, muss nicht auf die Anhängerschaft zutreffen«, resümierte Nicole, ohne sich dem Zynismus in Eckenspergers Worten zu stellen. Sie würde sich davon nicht anstecken lassen.

»Da bekommt das Zitat aus dem Rocklexikon ›Das wird dreckig, das wird laut – willkommen in den 80ern!‹ gleich eine neue Bedeutung«, stichelte der Kommissar weiter.

Und er wollte von der Materie keine Ahnung haben? Ihr Chef verblüffte Nicole eins ums andere Mal.

»Also, wenn mich meine Augen nicht trügen, dann ist die Gestalt da vorne eine alte Bekannte von uns. Als Überbleibsel einer Schlagernacht hätte ich sie allerdings nicht eingeschätzt.«

Auch Eckensperger erkannte die ganz in schwarz Gekleidete mit dem markanten Spinnentattoo am Hals sofort. Erst im Frühjahr war sie gemeinsam mit einigen Schulkollegen aufgeflogen, die im Chemielabor des Stiftsgymnasiums heimlich Ecstasy produziert und in ihren Kreisen verdealt hatten.

»Fräulein Alexa Lehbüchner-Kramerhof!«

Alexa würdigte den Hauptkommissar keines Blickes, murmelte nur aggressiv »Krambüchner-Lehenhof!« zwischen ihrer schwarz-gewellten Mähne hervor, die den Großteil ihres zu Boden gerichteten Gesichts bedeckte.

»Halten Sie nach dem Konzert vom Jonny noch eine Mahnwache für musikalisch Verirrte ab oder unterstützen Sie den Putztrupp?«

Die Angesprochene zog bloß verächtlich eine Braue hoch und im Gegenzug dafür ihre Mundwinkel tiefer hinunter.

»Oder gehen Sie nach dem mit Ach und Krach absolvierten Schulabschluss weiterhin Ihrer einträglichen Nebenbeschäftigung nach?«

Nahezu unmerklich, aber für Eckenspergers geschulten Spürsinn erkennbar, zuckte die Angesprochene zusammen und ließ hinter ihrem Rücken dezent ein kleines Päckchen fallen. Von ihren Rehaugen ließ sich der erfahrene Kriminalbeamte nicht beeindrucken. Mit den dick aufgetragenen, schwarzen Schatten herum glichen die soundso eher Dachsaugen. Der Kommissar war nicht gut auf Alexa zu sprechen. Genau genommen nachhaltig wütend, weil die Anwälte der versnobten Kids, diese unverzüglich aus der Sache rausgepaukt hatten und die jugendlichen Missetäter keinerlei Reue, Respekt oder Dankbarkeit zeigten.

Mit einem gepflegten »Fickt euch doch alle ins Knie« machte Alexa auf ihren schwarzen Plateausohlen kehrt.

Wie gerufen kam exakt in diesem Moment Sebastian von der mobilen Toilettenanlage zurück. Gemäß Eckenspergers aufforderndem Zunicken inklusive erklärendem Handzeichen schnitt er der Davoneilenden den Weg ab und stellte sich ihr entgegen.

»Echt jetzt? Du kannst mir gar nichts, Alter, und mich mal«, spöttelte Alexa. »Oder wollen Sie mich abklopfen? Leibesvisitieren? Wenn nicht, vertschüsse ich mich hiermit endgültig.«

Alexa trottete in angemessener Geschwindigkeit dem Haupteingang zu.

»Sie werden gewiss nichts dagegen haben, uns Ihren Tascheninhalt zu zeigen?«

Alexa spendierte dem jungen Polizeibeamten, der mit ihr Schritt hielt, einen »Fahr zur Hölle«-Blick, öffnete sodann angewidert ihre schwarze Rucksackhandtasche, in der auffällig viele Geldscheine, jedoch nur ein kleines Beutelchen mit Gras zu finden waren.

»Bloß ein bisschen Shit. Eigenbedarf. Geht so was von fit.«

Eckensperger ließ sich nicht täuschen. Er wies mit einer leisen Kopfbewegung auf das zuvor plump »entsorgte« Päckchen.

»Das ist nicht meins, wollte es nur unplugged deleten«, nuschelte Alexa.

»Jetzt sollten Sie ganz schnell kooperieren, damit ich Ihnen das glaube. Sonst wird's nämlich ›ur gringe‹ für Sie. Oder ›scheißpeinlich‹, wie wir von der Opa-Fraktion sagen würden.«

Im Nu brachte er Alexa dazu, ihr schwarzes, mehrfach um den Hals geschlungenes Tuch abzunehmen und ihn den Patronengürtel, den sie um etliche Schichten schwarzer Tüllröcke trug, inspizieren zu lassen.

In beiden umfunktionierten Behältnissen fanden sich zahlreiche bunte Pillen und einige gepresste Portionen Dope.

»Die Ware ist beschlagnahmt, und Sie stehen die nächsten Tage unter strenger Beobachtung. Fallen Sie ja nicht unangenehm auf, sonst landen Sie blitzartig erneut vor Gericht. Und bei Wiederholungstaten können Staatsanwalt und Richter schon deutlich weniger von Ihren Pandabäraugen und dem klingenden Familiennamen eingewickelt werden.«

»Na, das war eine unliebsame Überraschung, nicht wahr, Chef?«, stellte Nicole fest.

»Hoffentlich die letzte für heute«, brummte der Hauptkommissar unverdrossen verdrossen.

Sein frommer Wunsch sollte sich nicht erfüllen. So gesehen hatte sein linker kleiner Finger, der ihn durch unwillkürliches Zucken meist vor Unerfreulichkeiten warnte, diesmal kläglich gepatzt.

Eckensperger und seine Leute waren den Securityleuten rund um die Bühne zur Unterstützung zugeteilt worden. Weitere Teams versahen ihren Dienst an den Eingängen, auf dem riesigen Parkplatz, bei den Haltestellen der öffentlichen Verkehrsmittel in der Umgebung sowie im V.I.P.-Bereich.

Nicole freute sich über den Auftrag. Sie verspürte dieses anregende Kribbeln, das sich bei Sondereinsätzen stets einstellte. Insgeheim hoffte sie verständlicherweise, etwas vom Konzert mitzukriegen und den einen oder anderen Rockstar aus nächster Nähe zu erleben.

»Wegen solcher Tage wie heute bin ich Polizistin geworden! Abwechslungsreich und vielversprechend. Da verzichte ich sogar auf den freien Samstag.«

Eckensperger reagierte prompt: »Sie sind komisch! Ruhig am Schreibtisch sitzen wollen Sie nicht, aber kaum nehme ich Sie zu einem Außeneinsatz mit, beschweren Sie sich über meine ungestüme Fahrweise. Ihnen kann man wirklich nichts recht machen.«

Was war das für ein hinkender Vergleich? Alles in der Frau rebellierte wie sonst nur ihr Magen, sobald ihr Boss das Einsatzfahrzeug lenkte.

»Wenn ich will, dass mir meine Mahlzeiten hochkommen, gönne ich mir eine Fahrt mit der Achterbahn und dem Round Up hintereinander. *Nachdem* ich zuvor Zuckerwatte, einen Hot Dog, einen glasierten Apfel und einen doppelten Langos gegessen habe.«

Sebastian witzelte: »Keine schlechte Idee, um für Aufsehen zu sorgen und dir ein neuerliches Kapitel in meinem Erstlingswerk zu sichern. Doch ich wüsste Spektakuläreres: Du kannst dir ja ein Autogramm von Manny, dem legendären Bandleader, auf deinen blanken Busen kritzeln lassen! Das macht der echt gern. Der ist ein Rocker vom alten Schlag – Sex, Drugs und Rock'n'Roll. Und ich drücke genüsslich den Auslöser auf meiner Handykamera.«

Eckensperger sah ihn vernichtend an, während Nicole Zeige-, Mittelfinger und Daumen zu einer Pistole formte und auf ihren dreisten Kollegen zielte.

»Sebi, du lebst gefährlich, wenn du so weitermachst. Ein Wort noch, und du bist geliefert«, zischte sie.

Der grinste lediglich unverschämt.

»Sehen wir uns das Areal um die Bühne genauer an, und dann teilen wir unsere Zuständigkeiten auf«, schlug Nicole vor, um das Thema zu wechseln. »Wer übernimmt denn zum Beispiel den Backstagebereich?«

»Das werde wohl ich erledigen«, tönte es anmaßend in ihrem Rücken.

»Mickey Mouse … äh Mike, the Spike«, entfuhr es der Beamtin, die Sebastians Vorgänger hauptsächlich vom Hörensagen sowie vom Nebentisch in der Polizeikantine kannte.

»Da haben Sie Ihre gewünschte Verstärkung«, raunte ihr Eckensperger zu. »Manche unbedachte Anliegen erfüllen sich rascher, als einem lieb ist.«

Mit einem flockigen »Was geht ab?« begrüßte Mike, der mit bürgerlichem Namen Michael Mauser hieß, das Team, dem er für diesen abteilungsübergreifenden Einsatz zugeteilt war.

Vor dreieinhalb Jahren hatte er sich freiwillig vom Mord- ins Sittendezernat versetzen lassen und damit den Platz für den schlaksigen, frechen Sebastian Seiler freigemacht. Das Milieu, mehr noch die leichten Mädchen, sagten Michael Mauser zu. Auch vom bevorstehenden Sicherheitsjob hinter der Bühne versprach er sich ein paar interessante Begegnungen mit Groupies und willigen Mädels, bei denen er mit Pfefferspray, Elektroschocker und Schlagstock Eindruck schinden konnte.

Sebastian war vom Neuzugang ebenfalls nicht sonderlich begeistert. Neben Mike kam er sich meist irgendwie unreif und unerfahren vor, obwohl dazu wenig Grund bestand.

»Als Frischling gleich das große Wort führen, das haben wir schon gern!«, grummelte er deshalb in seinen imaginären Bart.

Nicole warf ihm einen beschwichtigenden Blick mit sanftem Kopfnicken zu, der aber verflog sich auf dem Weg zu seinem Adressaten. Zwischen Sebastian und Mike bahnte sich ein Kampf um angestammte Rechte wie bei zwei Gockeln auf einem Misthaufen an.

Lieber Freund, man greift nicht nach den Sternen

Das zu einem Quartett angewachsene Trüppchen hatte den letzten Abschnitt des Festgeländes, den »Golden Circle«, durchquert und die Bühne erreicht. Mike verschwand sofort Richtung Backstagezone, ohne auf Eckenspergers Zustimmung oder Anordnung zu warten.

»Der schaufelt bereits an seinem Grab«, frohlockte Sebastian.

Das Ausmaß des Podiums war ebenso enorm wie die massiven Lautsprechertürme, die vom Schlagerkonzert des Vortags stehengeblieben waren.

Trotzdem wurden von zwei Roadies zusätzliche Monitorboxen aufgebaut, deren Wattanzahl jede Großraumdisco zu einer Wohnzimmeranlage degradierte. Zahlreiche Mikrofon- und Instrumentenständer lagen, großteils noch zugeklappt, vor dem schwarzen Vorhang, der als Rückwand diente.

Eine burschikose Frau in Jeans und ausgewaschenem, graugrünen T-Shirt mit platinblonder Extremkurzhaarfrisur, in die am Hinterkopf ein Zackenmuster rasiert war, klebte mit Gaffa Tape Kreuze auf den Bühnenboden.

»Das sind Markierungen, damit die einzelnen Musiker beziehungsweise die Instrumente ihren Platz finden«, belehrte Sebastian seine Kollegin.

»Danke, du Klugscheißer! Und ich Naivling dachte, es wären Zielpunkte für Plüschtiere und Dessous der weiblichen Fans.«

»Plüschtiere gehören der Vergangenheit, sprich dem gestrigen Tag an. Heute werden gewiss andere Utensilien fliegen!«

»So?«, frotzelte ihn Nicole. »Whiskyflaschen? Drogenpäckchen? Oder Kondome vielleicht?«

Es war eine Machowelt, in der sie ihren Beruf ausübte. Das wurde ihr nicht zum ersten Mal bewusst. Der jungen Technikerin auf der Bühne würde es in ihrer Branche vermutlich nicht anders ergehen. In dieser Männerdomäne Fuß zu fassen und zu bestehen, verlangte der Frau neben körperlichem Einsatz mit Sicherheit ein dickes Fell und mentale Stärke ab. Die Polizeibeamtin schenkte ihrer Artgenossin ein anerkennendes »Daumen hoch«, was allerdings mit einem nachlässigen Schulterzucken quittiert wurde. Ja, Frauensolidarität hatte wohl einen ähnlich steinigen und langen Weg vor sich wie so manche hoffnungsvolle Musikerkarriere.

Ein dröhnender Pfeifton hallte über das Areal. Nicole, die wie ihre Begleiter zusammengeschreckt war, hielt sich instinktiv beide Ohren zu.

»Ein weiterer Grund, warum ich Konzerte hasse«, nörgelte Eckensperger. »Die unvermeidliche Übersteuerung beim Einschalten der Anlage. Dazu das Katzengejammer beim Stimmen sämtlicher Instrumente. Dutzendfach ›one, two ... sss ... one, two ... hey‹ beim Soundcheck. Schauderhaft.«

Sein Wissen rund ums Showbusiness verwunderte Nicole erneut. Sebastian schien dies nicht aufzufallen, ihn quälten im Augenblick Konkurrenzgedanken.

Der massige, zirka fünfunddreißigjährige Toningenieur hinter dem mächtigen Mischpult auf dem Technikturm, der geschätzte 100 Meter gegenüber der Bühne aufgebaut war, brüllte wie aufs Kommando »One, two … hört ihr mich, ihr Nieten« in sein Mikro. Seine Silben wurden mit einem mehrfachen Echo zurückgeworfen. Es summte, brummte, hallte und koppelte, was den Verursacher nicht sonderlich tangierte.

»Soundcheck Vorgruppe«, schmetterte er, flankiert von zwei neuerlichen, unangenehm hochfrequenten Tönen, aus seinem luftigen Technikersitz. »Ina und Peter. Rauf mit euch. Time is money, ihr Loser, haha.«

Ein Duo erkletterte das Podium.

Beide schleppten ihre Instrumente, einen Akustik-Bass und eine Westerngitarre mit Abnehmerkabel, sowie ihre Mikros in fertig montierten Stativen eigenhändig auf die Bühne. Hastig suchten sie sich einen Platz, stellten die Dreibeine ab, hängten sich ihre Saiteninstrumente um und stoppelten sie in die bereitliegende Steckerleiste.

Die brünette, langhaarige Frau in einem bunten Gypsykleid nickte ihrem Begleiter bestätigend zu, begann mit einer angenehm-rauchigen Altstimme zu singen und startete ein Solo in den höheren Lagen ihres Basses.

»Passt wunderbar, das reicht«, ließ sich der Tontechniker rasselnd und pfeifend vernehmen. »Peter, jetzt du. Gib Gas, ich hab' nicht ewig Zeit.«

Der Musiker wollte anscheinend etwas erwidern, spielte jedoch kopfschüttelnd einige Takte und intonierte einen bekannten Protestsong. Ein wiederholtes Kopfschütteln, ein Blick auf das Stimmgerät am Gitarrenhals. Dann brach Peter seinen Gesang ab und begann, die A-Saite nachzutunen.

»Gestimmt wird backstage«, brüllte der Choleriker am Mischpult und schloss ein ungeduldiges »Aus, das genügt! Vorgruppe fertig.« an.

»'tschuldigung, Jack, wir haben noch nicht einmal einen gemeinsamen Refrain gesungen, geschweige denn unsere Instrumente lautstärkenmäßig angeglichen. Ich brauche ein paar hohe Mitten und …«

»Schreib eine Wunschliste ans Christkind«, höhnte der Toningenieur. »Das langt schon, du Bob Dylan-Abklatsch. Mach' ich alles nachher live beim Auftritt. Runter von der Rampe, es folgt der Soundcheck für Manny und seine Truppe.«

»Sorry, aber die Monitore sind nicht on, wir hören uns bloß über die Hauptanlage von der Seite, also indirekt«, wagte der Sänger einen weiteren Vorstoß in Sachen Professionalität.

»Die sind auch nicht für euch, die Monitore. Ihr seid die VORBAND! Ab mit euch. Mikroaufbau für ›Black Fire‹, Kaaarin!«

Das Folk-Duo trollte sich verärgert samt Sack und Pack davon. Eilig schleppte die blonde Technikerin einige Mikrofonständer in den Vordergrund und platzierte sie über den zuvor aufgeklebten Markierungen, während ein ausgemergelter Mann unschätzbaren Alters in abgewetzter Lederjacke und dunkelgrauen Jeans die Bühne betrat. Er holte unterschiedliche Mikrofone behutsam aus einem Metallkoffer und machte sie startklar. Bei jedem kratzte er leicht mit seinem Zeigefingernagel an der Kapsel, um sich zu versichern, ob diese tatsächlich eingeschaltet und den richtigen Kanälen am Mischpult zugeordnet waren. Er agierte routiniert, gleichzeitig lässig und wirkte, als hätte er selbst die geringste Einzelheit auf dem weiträumigen Podium mit den vielfältigen Utensilien im Blick und im Griff. Über das Mikro des Leadsängers stimmte er, möglicherweise durch Jacks Verunglimpfung des Vorgruppensängers inspiriert, »Knockin' On Heaven's Door« in einer bluesigen Version an. Er hatte eine eindrucksvolle, markante Stimme, die Nicole sofort faszinierte.

»Der ist echt gut«, stellte sie fest und starrte gebannt auf den mageren Sänger mit dem schwarz-roten Bandana über seinen gewellten, dunklen Haaren. Der bückte sich und öffnete der Reihe nach drei Cases mit der Lead-, Rhythmus- sowie Bassgitarre und spielte ein paar Takte auf dem mittlerweile angesteckten E-Bass, bevor er ein atemberaubendes Solo auf der Anlage des Leadgitarristen losließ.

»Meister, check mal auf der Fünf die Präsenzen zwischen zwei und vier Kilohertz und regle den Hochpass bei 120 Hertz etwas nach, da würden 12 dB Flankensteilheit reichen«, rief er dem Techniker über eines der Mikros zu.

Der hatte sich unterdessen eine Zigarette angezündet und war intensiv mit seinem Handy beschäftigt.

»Ein bisschen weniger Starallüren, Eric«, tönte es beiläufig zurück. »Du bist der Bühnentechniker, nicht die Mitternachtseinlage.«

»Ich mach' bloß meinen Job«, verteidigte sich der Angepflaumte. »Und würdest du deinen ebenso einwandfrei erledigen, hättest du den Brumm auf dem System bereits eliminiert und für einen knackigen Sound auf dem Bass gesorgt.«

Unruhe am rechten Rand des Sektors lenkte Nicole von dem sich aufschaukelnden Wortwechsel ab.

Witzig! Da näherte sich ein Golfwagen. An Bord saß ein langmähniger Haudegen in schwarzer Lederkluft mit Bikerstiefeln, der irgendwie an einen Habicht erinnerte, daneben eine Matrone von Frau mit orangem, wirr-zerzaustem Haarschopf. Beide mussten weit in den Sechzigern sein und wirkten, als hätten sie ihr Leben mit allem, was giftig, gesundheitsschädlich und der Vitalität abträglich ist, zugebracht. Also ungenügend Schlaf und Vitamine, dafür reichlich Alkohol, Nikotin, Stress und jede Menge kleiner Helferleins, die den Stress abzubauen versprachen.

Bald war klar, es handelte sich um niemand Geringeren als Manny, den Sänger, Rhythmusgitarristen und Bandleader von »Black Fire«, begleitet von Nancy, seiner ausdauernden Muse, ehemaligen Chorsängerin und nunmehr langgedienten Promotionlady der Gruppe.

»Auftritt des gealterten Rockstars, wahrscheinlich mit einer Kiste Bourbon und einem halben Kilo Pot im Gefährt«, wisperte Nicole verhalten in Richtung Sebastian.

»Alles Klischees«, ertönte es belegt in ihrem Nacken. Erst jetzt merkte die Polizistin, dass Eckensperger mit Seiler den Aufgang zur Bühne an der linken Breitseite inspizierte und sich hinter ihr der Rest der Crew versammelt hatte. Ein wildes Quartett mit rauem Charme.

Das heisere Organ gehörte ganz offensichtlich dem Drummer der Formation, denn der am Schädel kahlrasierte Typ mit wildem Rauschebart hielt ein Paar Sticks in seinen Händen. Untenrum steckte er in einer Patchworklederhose in verschiedenen Braun-, Grau- und Ockertönen, oben in einem speckigen, ursprünglich wohl hellbraunen Raulederwams über seiner nackten, dicht behaarten Brust.

Lautstark ließen sich die vier in die Jahre gekommenen Hardrocker an einem der drei Holztische vor der Bühne nieder, die gemeinsam mit sechs Bänken für die Zeit der Probe aufgebaut worden waren. Einer der Musiker »servierte« einen plastikverschweißten Tray mit 24 Bierdosen, der augenblicklich aufgerissen wurde. Im Nu hatte sich jeder eine Dose gefasst, diese genussfreudig zischend geöffnet und blechern angestoßen.

Mit den Büchsen an den Lippen erwartete die Gruppe das Eintreffen ihres Chefs. Der fing die ihm zugeworfene Bierdose geschickt auf, warf sie umgehend zurück und zückte eine halbvolle Ginflasche, aus der er einen gierigen Zug nahm. Inzwischen kletterte die füllige Frau verdrossen und offenkundig schmerzgeplagt aus dem Wägelchen und schaffte etliche Gepäckstücke zum Tisch.

»Nancy-Liebling«, wurde sie von einem wildmähnigen Bandmitglied in bodenlangem Ledermantel, schwarzem Schlapphut, unter dem sein rechtes, mit mehreren kleinen Silberringen perforiertes Ohrläppchen hervorlugte, mit einer diffamierenden Rüge empfangen, »warum hängen heute überall noch die Plakate von diesem Schlagerjonny? Was ist mit der Ankündigung unseres Gigs?«

»Keine Ahnung«, ächzte die Gefragte träge, schlug den Kleidersaum hoch und massierte ihre angeschwollenen Knie.

»Ist das nicht deine verdammte Aufgabe, davon eine Ahnung zu haben?«, fuhr Manny sie an, der sich sichtlich vor seiner Crew keine Blöße geben wollte.

Nancy warf ihm einen bitterbösen Blick zu und holte einen Packen Flyer sowie einen Poncho für die kühlen Abendstunden aus einer der mitgebrachten Taschen.

»Soundcheck, ihr Lieben, auf, auf«, ertönte es klirrend-verzerrt vom Toningenieur. »17:00 Uhr war vereinbart. Typisch, wieder eine halbe Stunde zu spät alle miteinander. Bis grad noch völlig verkatert im Tourbus gelegen, wie ich euch kenne.«

»Von dem da oben will keiner gekannt werden«, flüsterte der Schlagzeuger kratzig in Nicoles Ohr, während er sich im Einklang mit seinen Bandkollegen das nächste Bier genehmigte.

»Ach, Eric macht das schon«, verkündete Manny widerwillig. »Klingt absolut super.«

Der alte Rocker hatte in seinem ausgiebigen, harten Musikerleben anscheinend einiges an Hellhörigkeit verloren, denn selbst technischen Laien war die Bescheidenheit der Verstärkung nicht entgangen.

»Komm endlich auf die Bühne, Manny«, ließ sich Eric durch eines der zuvor getesteten Mikrofone vernehmen. »Gesang einstellen, Höhen abgleichen. Deine Stimme hat doch ein komplett anderes Volumen als meine. Außerdem bin ich nicht sicher, ob die Position für deine Gitarre …«

»Keine Lust«, kam es wenig engagiert von Manny zurück.

Dessen Einsatz für einen Act dieser Größenordnung, von dem er sich kräftige Impulse für ein Comeback versprach, ließ gehörig zu wünschen übrig. »Probier das besser mit unseren Roadies aus. Nick und Luuk kannst du gern wie Schachfiguren hin- und herschieben, bis alles passt. Ich will jetzt zuerst in die Maske. Und dann brauch' ich dringend eine Massage, damit meine linke Schulter die zwei Konzertstunden den Gurt mit der sauschweren Gitarre aushält. Schließ mir rasch mal den gestern getesteten Verzerrer ans Pedalboard an und lass dir ordentlich Hall auf das Ganze geben. Du weißt schon, dieses amerikanische ›Vintage-Röhren-Kistl‹, wie du es immer nennst. Heute fangen wir unser Programm nämlich der Abwechslung halber mit ›Dark And Heavy‹ an.«

Empörtes Raunen ging durch die Truppe. Niemand war mit dem impulsiven, unausgegorenen Vorschlag einverstanden, das war deutlich zu sehen.

Einer aus dem Ensemble, der ein T-Shirt mit der hintergründigen Aufschrift »Gib dem Leben einen Gin« trug, suderte: »Super Timing für Ungeprobtes! Wär' toll, wenn du mit deinen Gitarreeinsätzen und beim Singen ebenso auf den Punkt wärst, Manny!«

»Hey, Charly, ich setze nicht unexakt ein, das ist eine Frechheit! Ich treffe spontan kreative Entscheidungen!«

»Die Entscheidung, unsere Fans zu vergraulen?«

Nicht nur die Musiker waren gereizt, auch Eric wirkte missmutig, geradezu ärgerlich, trabte jedoch wie angeordnet zu einer mit Schmutzflecken übersäten, dunkelgrauen Sporttasche. Karin stand abwartend daneben, bückte sich sodann auf Erics Anweisung und fischte eine mittelblaue Mehrfachsteckdose mit kurzem Anschlusskabel heraus. Danach wischte sie sich ihre Hände angeekelt in der Jeans ab, wohingegen Eric – eine Menge Kleinzeug zur Seite räumend – das gewünschte Effektgerät aus der Tiefe angelte.

»Wirf die Kiste an, Alter«, forderte Manny seinen Bühnentechniker auf.

»Und du«, brüllte er zum Mischturm hinauf, »zeig mal, was deine Superanlage so hergibt.«

Der übliche Pfeifton ertönte, als der Angesprochene die Regler bis zum Anschlag hochzog.

Eric hielt sich mit einer Hand am Mikrofonständer an, um leichter in die Hocke zu kommen und schloss den Verzerrer ans Netz. Ein kurzes Britzeln, ein beachtlicher Knall, der Mann sackte zusammen.

»Scheiße«, brüllte der fette Jack am Mischpult. »Hat mir der Vollkoffer die Monitore geschossen, ist das zu glauben?«

Der Beschimpfte rührte sich nicht.

Karin näherte sich der Gestalt mit zögerlichen Schritten.

Auch Eckensperger widmete sich nun angelegentlich der Szene auf der Bühne, die ihm – genauso wie seinen beiden Begleitern – nicht geheuer vorkam.

Nicoles dienstbeflissener Blick galt ihrem Handy. Es war exakt 17:48 Uhr.

»Was'n los, Eric? Karin?«

Manny wirkte hilflos.

Karin zuckte mit den Schultern. Verstört beugte sie sich über den regungslosen Techniker.

»Finger weg«, rief der Hauptkommissar, der im Eiltempo, gefolgt von Sebastian, die Eisentreppe hochhetzte und auf das Podium stürmte.

Prüfend legte er zwei Finger an den Hals des Opfers.

»Vorsicht, Chef«, schrie Nicole. »Stromschlag!«

»Danke für den Hinweis. Aber da schlägt garantiert nichts«, grantelte Eckensperger.

»Die schlechte Nachricht: Das hier ist ein Todesfall und die Bühne ab sofort gesperrt für den Auftritt der

Spurensicherung. Die gute Nachricht: Das Konzert ist abgesagt! Manny braucht keine Massage und die Band keine Plakate mehr!«

Grüß euch Gott, alle miteinander

»Was tust du nicht alles, um vor mir am Tatort oder Fundort einer Leiche zu sein?«, begrüßte der Rechtsmediziner Doktor Willibald Weißenthal seinen langjährigen Weggefährten Gernot Eckensperger. »Jetzt bist du sogar *vor* einem Unglück zur Stelle. Ist das Arbeitsbeschaffung für dich und deine Abteilung? Oder strebst du etwa eine Beförderung an? Der Posten des Polizeidirektors ist vakant, wie ich hörte!?«

»Gleichfalls schön, dich zu sehen«, grummelte der Kommissar. »Obwohl das ja jedes Mal mit Anstrengung einhergeht!«

»Kannst mich gern gelegentlich in der Pathologie besuchen. Einen selbst gebrannten Nussschnaps hab' ich immer in einem meiner Kühlfächer auf Lager.«

Eckensperger überging die Einladung kommentarlos und setzte den Arzt über das soeben Erlebte in Kenntnis.

»Herzinfarkt? Oder Stromtod?«, spekulierte er.

»Mach du deinen Job, Ecki, und ich erledige den meinen«, konterte Weißenthal, der weit und breit der einzige war, der den Namen des Morddezernatsleiters sanktionsfrei mit der I-Form verniedlichen durfte. »Und, damit du was dazulernst auf deine alten Tage: Ein tödlicher Stromschlag ist in den meisten Fällen mit einer ventrikulären Fibrillation, also Herzkammerflimmern, der häufigsten Ursache eines plötzlichen Herztods, verbunden. Sobald die Spurensicherung durch ist und genügend Fotos im Kasten sind, könnt ihr den Bedauernswerten zu mir verfrachten. Dann weiß ich ausgiebiger zu berichten. Ohne Zweifel wird der Staatsanwalt eine nähere Beschau veranlassen.«

Der Mediziner beugte sich über seinen aktuellen Fall. Er besah Erics Gesicht und Hände, machte einen Blick in dessen Mund, leuchtete mit einer winzigen Taschenlampe in die Augen, maß die Körpertemperatur und wies einen jungen Mann des Untersuchungsteams an, welche Aufnahmen vom Leichnam für die zu erwartende Obduktion anzufertigen waren.

Danach wandte er sich erneut Gernot Eckensperger zu: »Witzigerweise wäre ich in knapp zwei Stunden sowieso hier auf dem Gelände gewesen. Meine Nichte meinte, mir eine Freude mit ›Musik meiner Jugend‹ machen zu müssen und besorgte uns zwei Konzertkarten. Ein gemütlicher Tagesausklang mit einem Gedichtband ist mir zwar allemal lieber, aber erzähl das einem dreißigjährigen Patenkind der heutigen Spaßgesellschaft. Nun wird wohl nichts aus dem Rockact und aus einem ruhigen Feierabend schon gar nichts. Wenigstens hab' ich mir das endlose Stehen unter mitgrölenden Fans erspart. Der neueste Song, den mir mein Schützling auf ihrem Handy vorspielte, konnte mich nicht überzeugen. Entweder ist der Sänger noch im Stimmbruch oder er hatte bei der Tonaufnahme einen Bandscheibenvorfall. So gesehen bin ich über die Absage nicht sonderlich betrübt.«

»Damit hast du ein Motiv, lieber Herr Medizinalrat, und bist mein erster Verdächtiger. Ist dir das klar?«, stellte Eckensperger lakonisch fest.

Doktor Weißenthal grinste und hielt fachmännisch dagegen: »Sehr lebendig hat unser Opfer sicherlich auch vor seinem Ableben nicht ausgeschaut?«

Nicole, Sebastian und Mike nahmen unterdessen die Personalien der irritierten Anwesenden auf. Wo sich die einzelnen Personen während des Unglücks aufgehalten hatten, war durch die Polizeibeamten und die Beamtin weitgehend verbrieft. Das hatte allerdings nicht viel Aussagekraft. Speziell in einem technisch derart hochgerüsteten Umfeld konnte mit Fernbedienungen, Zeitschaltuhren, Elektrofallen oder findig herbeigeführten Kabelüberbrückungen ein Anschlag verübt werden, ohne zum Todeszeitpunkt in unmittelbarer Nähe des Opfers gewesen sein zu müssen.

Die beiden Frauen hatten Tränen in den Augen, der Schlagzeuger mit der Reibeisenstimme sah aus, als wäre ihm ein Gespenst begegnet, die anderen bemühten sich, möglichst wenig Gefühl zu zeigen.

Einzig Manny brüllte, er war außer sich.

»Da schuftet man jahrelang auf ein Comeback hin, hat zu guter Letzt ein Konzert in dieser Größenordnung und dann geht alles den Bach runter. Nur, weil ein Giftler auf der Bühne zusammenbricht.«

Nicole fand sein Verhalten abstoßend. Ihr klang nach wie vor der beeindruckende Gesang Erics in den Ohren, der nun für immer verstummt war. Die Endlichkeit des menschlichen Daseins wurde ihr einmal mehr drastisch und gleichermaßen schmerzhaft bewusst.

»Schreibt die werte Kollegin eventuell wieder etwas nieder oder träumt sie sich ganz weg?«

Sebastian holte die Nachdenkliche mit seiner schmissigen Wortmeldung auf der Stelle ins Hier und Heute.

»Da haben wir morgen jede Menge Befragungsarbeit zu leisten. Von sich aus sind die alle nicht wirklich gesprächig«, beeilte sich die *werte* Kollegin hinzuzufügen.

»Mit den Einsatzkräften an den Zugängen möchte ich trotzdem nicht tauschen. Die enttäuschten und wütenden Fans, die sich auf eine geile Show von ›Black Fire‹ gefreut hatten, unbefriedigt heimzuschicken, ist auch kein leichter Job.«

Es war weit nach 21:00 Uhr, als die Untersuchung fürs Erste abgeschlossen, der Unglücksort gesichert war und die Polizeitruppe endlich den Tatort verlassen konnte.

»Hätte das Konzert planmäßig stattgefunden, wären wir wesentlich später heimgekommen«, tröstete sich Nicole.

Obwohl sie todmüde ins Bett gefallen war, fuhr die pflichtbewusste Beamtin am nächsten Tag deutlich vor Arbeitsbeginn ins Büro. Während des Ermittelns beim Träumen erwischt zu werden, wollte sie sich kein zweites Mal leisten. Dann lieber einen Zahn zulegen und die Liste der gestern am Gelände Versammelten alphabetisch aus den Notizen zusammenfassen und mit deren Tätigkeit versehen:

Aschauer Karin (Bühnentechnikerin)
Bloch Leonhard (Schlagzeuger)
Brunner Eric (Bühnentechniker und Opfer)
Cojocariu Nicolae »Nick« (Roadie)
Nemcová Tereza »Nancy« (PR-Managerin)
Oberpolzer Karl »Charly« (Bassist)
Polatschek Dietmar »Jack« oder besser »Tschek«? (Tontechniker)
Raifeder Roman (Keyboarder und Chorsänger)
Schönfried Bernd »Bernie« (Sologitarrist und Chorsänger)

Van Leeuwen Luuk (Roadie)
Zabek Manfred »Manny« (Bandleader und Frontman, Rhythmusgitarrist, Sänger)

Durch einen Trennstrich abgehoben hielt sie zusätzlich die drei ebenfalls anwesenden, sich jedoch nicht in unmittelbarer Nähe des »Tat«orts befindlichen Personen namentlich fest:

Uhlmann Peter (Vorband)
Uhlmann-Vanek Martina »Nina« (Vorband)
Moritz Elke (Chorsängerin)

Die zuletzt Genannte hatte bis zur Ausweiskontrolle ihrer Aussage lediglich Mike zu Gesicht bekommen. Der dürfte backstage während des Soundchecks und Erics Tod erfahrungsgemäß heftig mit der jungen Sängerin geschäkert haben.

Nicole überflog die Auflistung mit einem Schmunzeln: »Da haben wir echt Schwein, nicht den Tod des zweiten Geigers eines Symphonieorchesters aufklären zu müssen. Das wäre erst eine endlose Zeugenliste geworden.«

Die am Vortag aufgenommenen, spärlichen Erhebungen deckten sich mit ihren eigenen Beobachtungen, obschon nicht jeder wie sie im Moment des Unglücks den Blick auf die Bühne gerichtet gehabt hatte. Übereinstimmend berichteten alle von dem hörbaren »Kurzschluss«: »ein Knall«, »wie ein kleiner Einschlag«, »so ein lautes Knacken«, »ein plötzlicher Tuscher«. Keinem war etwas Nennenswertes aufgefallen, Eric habe wie immer gewirkt: »emsig«, »zuverlässig«, »betriebsam«, »g'schaftig halt«. Ein ähnliches Phänomen habe es bisher nicht gegeben, sie hätten sich auf den praktisch ausverkauften Abend gefreut, selbst, wenn Manny launisch, unberechenbar in seinen Wünschen nach dem Programmablauf und generell eher schwierig im Umgang gewesen sei.

Entgegen Nicoles Vermutung war es nicht Eckensperger, der knapp vor acht das Büro betrat, sondern Michael Mauser. Die junge Polizistin hatte sich bislang kaum Gedanken zum Neuling machen können. Er sah ganz passabel aus. Groß, sportlich, modischer Kurzhaarschnitt. Allein der kleine Oberlippenbart ließ ihn ein wenig proletoid wirken.

Bei der gestrigen Befragung hatte sie einige Sätze von ihm aufgeschnappt, die ihr im Vergleich zu ihrer und Sebastians Gesprächsführungen dünkelhaft und überspitzt vorkamen. Tatsächlich hatte sie ihn ertappt, »Sie werden sich demnächst definitorisch zu unserer Verfügung halten müssen« zu tönen. Nun gut, das konnte nach einem anstrengenden Arbeitstag schon mal passieren, aus »definitiv« und »obligatorisch« in der Hitze des Gefechts einen neuen Begriff zu kreieren. Andererseits …? Sie wusste ihn nicht recht einzuschätzen, nicht einmal, wie sie ihn ansprechen sollte. Michael? Mickey? Mike?

Solche Überlegungen hatte Nicole in Bezug auf Sebastian nie gewälzt. Mit dem hatte sie sich von Beginn an bestens verstanden, obwohl sie zuletzt und als erste Frau ins Team gestoßen war. Bald war eine flapsige Vertrautheit zwischen ihnen entstanden. Sie neckten sich, waren in puncto Humor auf einer ähnlichen Wellenlänge, konnten austeilen und einstecken.

»Einen Wunderschönen ringsum«, schmetterte der Neuankömmling in den Raum.

»Guten Morgen, du neuer Held des Sicherheitsdiensts«, turnte sich Nicole über die Wahl des passenden Vornamens hinweg, indem sie ihren üblichen Gruß »Guten Morgen allen Helden des Sicherheitsdiensts« leicht abwandelte.

Mike sah sie selbstgefällig und förmlich entzückt über die heitere Willkommensfloskel an.

»Nach dem erfreulichen Anblick im Vorzimmer«, dabei pfiff er leise durch die Zähne, zweifellos bezog er sich auf die attraktive Praktikantin Hofstädter, »nun dieser charmante Empfang meiner neuen Lieblingskollegin.«

Der sollte bloß nicht derart dick auftragen. Plumpe Komplimente konnten der selbstbewussten »Lieblingskollegin« gestohlen bleiben. Da waren ihr kumpelhafte Frechheiten bedeutend lieber. Sie war nun mal kein Mannequin mit Traummaßen, sondern eine durchtrainierte, robuste Kämpfernatur, die nur zu gern auf Schminke, Rüschen und anderen »Barbie-Schnickschnack« verzichtete.

»Bilde dir nur nichts darauf ein, das ist mein Stehsatz am Tagesbeginn. Wie willst *du* eigentlich angesprochen werden?«, packte Nicole den Stier bei den Hörnern. »Dir eilen ja etliche Spitznamen voraus.«

»Einfach Mike. Was liegt an?«

»Wir werden in Kürze eine Fallbesprechung mit unserem Abteilungsleiter haben, dann wissen wir Näheres, ›Einfach-Mike‹!«

Ein neuer Spitzname war geboren.

Pünktlich aufs Stichwort polterte Eckensperger mit einem sparsamen »Morgähhhnn!« ins Büro und bedachte seinen übervollen Schreibtisch mit einem weiteren Stoß Unterlagen, der sogleich ins Rutschen geriet.

Beflissen wie stets hastete Nicole zu Hilfe und brachte mit ein paar geschickten Handgriffen den Stapel in Balance. Währenddessen schob sich auch Sebastian Seiler ins Büro. In der Hand hielt er ein braunes Papiersäckchen mit der Aufschrift »Bäckerei Trost«, aus dem er Nusskipferln austeilte.

»Seiler, bröseln Sie mir nicht alles an. In fünf Minuten Teambesprechung, ich informiere nur rasch telefonisch unseren Übergangsdirektor. Öffnen Sie bis dahin die gestern angelegte, elektronische Akte und machen sich mit den ersten Fakten vertraut.«

Mike beugte sich vertraulich zu Nicole und Sebastian und wisperte entgeistert: »Was ist denn mit *dem* los? Hat man dem alten Kläffer die Zähne beziehungsweise den letzten Nerv gezogen? Kein ›Seiler, Sie nimmersatter Heuschreck‹ oder ›Seiler, Sie zuckersüchtiger Trostpreis‹? Und wo bleiben die abfällig-spitzen Fräulein-Titulierungen?«

Umgehend wurde er ins Bild gesetzt.

»Nun, unser Boss musste zu seiner grenzenlosen Begeisterung einen gepflegten Kommunikationsschonwaschkurs absolvieren. Gewalt fängt bei der Wortwahl an, geschlechtergerechte Sprache, sensible Formulierungen und so was.«

Nicole grinste verschmitzt. Sie konnte sich lebhaft ausmalen, wie ihr Häuptling bei diesem Fortbildungslehrgang bei jedem zweiten Postulat aufspringen und aus dem Kursraum stürmen wollte. Nicht, ohne die triste Vortragende mit gehörigen »Lobeshymnen« auszuzeichnen.

»Bin gespannt, wie lang die Wirkung der Faserschmeichler anhält. Seine Kehle muss doch komplett zugestopft sein von der Unmenge an hinuntergeschluckten Granteleien.«

Sebastian ergänzte launig: »Und seine Zunge wird zahlreiche Blessuren aufweisen, so oft wie er sich in letzter Zeit draufgebissen hat.«

Die drei hatten noch Gelegenheit, kurz abzuklatschen, dann brach Eckensperger sein Telefonat ab und der Polizeialltag über sie herein.

Ich lade gern mir Gäste ein

Nicole freute sich wie eine Schneekönigin. Sogar doppelt und dreifach. Erstens war die von ihr angelegte Liste eine hilfreiche Grundlage, die höchste Anerkennung auslöste, zweitens übertrug ihr Eckensperger deswegen zur allgemeinen Verblüffung die Moderation der Besprechung und drittens fasste sie diesmal keine schnöden Betitelungen wie »Fräulein Eifrig zum Quadrat« oder bissige Kommentare à la »Da will sich wohl jemand ein Fleißsternchen verdienen« von ihrem Chef aus. Irgendwie musste sie sich an den gedämpften Umgangston erst gewöhnen. Der Abteilungsleiter wirkte wie ein Säbelzahntiger, dem man die Eckzähne gezogen hatte. Irgendetwas Charakteristisches fehlte.

Zum Glück blieb ihr keine Atempause für tiefschürfende Spekulationen in dieser Hinsicht. Vielmehr war dem MMO – Means, Motive and Opportunity, also Mittel, Motiv und Möglichkeit – nachzugehen.

»Wir stehen ganz am Anfang unserer Recherchen«, hielt die Beamtin einleitend fest. »Der Bericht der Spurensicherung lässt derzeit offen, ob es sich um ein tragisches Unglück oder einen Anschlag handelt. Deshalb sollten wir vorsorglich von bewusster Manipulation ausgehen, bevor sich alle Hinweise und Verdächtigen verflüchtigen.«

»Sonst wären wir auch arbeitslos«, warf Seiler ein, »und die Akte bliebe dünn wie einer dieser magersüchtigen Schispringer.«

Eckensperger schenkte dem unnötigen Zwischenruf keine Beachtung, sondern widmete sich hingebungsvoll seiner Mehlspeise. Insider waren jedoch im Bilde, dass sämtliche Neuronenverknüpfungen auf den Fall fokussiert waren und in seinem Kopfkino die unterschiedlichsten Szenarien zum Tathergang abliefen.

»Wir wissen zum Zeitpunkt leider kaum Näheres über die involvierten Personen, was die Frage nach dem Warum nur unzulänglich beantworten lässt. Dazu müssen wir den Background jedes und jeder einzelnen sowie deren Beziehung zum Todesopfer eingehend in Augenschein nehmen. Das vordergründigste Motiv hat meiner Meinung nach im Moment die Bühnenassistentin. Karin Aschauer steht nicht nur alphabetisch an der Spitze. Habt ihr bemerkt, wie unzufrieden sie mit ihrer Rolle als ›zweite Geige‹ im Technikerduo war?«

»Äußerst musikalisch ausgedrückt«, befand Mike. »Shampoo!«

Sebastian und Nicole blickten einander irritiert an. Ihrem Kollegen schien sein Versprecher nicht weiter aufzufallen.

»Sie dürfte enorm neidisch auf Eric, unser Opfer, gewesen sein. Gut vorstellbar, dass sie sich von seinem Tod einen Aufstieg zur Nummer Eins in der Crew verspricht.«

Eckensperger tauchte aus seiner Gedankenwelt auf und mischte sich unvermittelt in das Gespräch.

»Dann wollen wir mal Nägel mit Köpfen machen. Sie, Fräul... äh ... Frau Reservekommissarin, lassen die komplette Biervernichtungstruppe hier antanzen und fühlen denen mächtig auf den Zahn. Ordentlich Druck machen, sodass sie über die anderen herziehen und ein paar Insiderinfos auspacken. Ohne gnadenloses An-alle-Vorschriften-halten! Keine Samthandschuhe oder sensible Ausdrucksweise und sowas! Kollege

Mauser und ich schauen uns nochmals am Tatort um. Die Wahnsinnigen, allen voran Manny, wollen heute Abend unbedingt ihr Konzert abhalten. Es wurde bereits an oberster Stelle interveniert. Mal sehen, was die Spurensicherung und der Staatsanwalt dazu meinen.«

»Und was ist mit mir?«, meldete sich Sebastian.

»Sie helfen Nicole, die Musiker zu erreichen und herzubestellen, was um diese Uhrzeit kein leichtes Unterfangen sein dürfte. *Nebstdem* – speichern Sie diesen eloquenten Ausdruck im Hinterkopf – protokollieren Sie die gestrige Übung! Ein kleines Training für Ihre spätere Karriere als Bestsellerautor sozusagen. Danach statten Sie der Bleibe unseres Opfers eine Visite ab und schauen sich dort gründlich um. Sonst noch Anliegen? Auf geht's!«

Eckensperger und sein »neuer« alter Gehilfe trabten im herbstlichen Vormittagsnebel auf die Bühne zu. Auf den Metallstiegen zum Aufgang saßen – ungewöhnlich früh, wenn man rund ums Showbusiness kolportierten Zuschreibungen wie »die Nacht zum Tag machen« Glauben schenkte – die beiden Roadies, eine Zigarette beziehungsweise einen Joint in der Hand.

»Was haben Sie hier zu suchen?«, herrschte der Kommissar die zwei Gestalten an.

»Waaarten«, erwiderte Luuk gedehnt und zog ungeniert an seinem Spliff.

Er war ein großer, schlanker, etwa 40-jähriger Typ mit dunkelblondem, längerem, gewelltem Haar und muskulösen Armen. Mit seinem roten Stirnband, den aufgekrempelten Ärmeln seines Leinenhemds und dem tätowierten Anker auf seinem rechten Bizeps wirkte er ein wenig wie die plattdeutsche Version eines verwegenen Seeräubers.

»Haben Buehne nicht betreten, weil gesperrt«, beeilte sich Nick hinzuzufügen, der wie die meisten Rumänen Schwierigkeiten mit der Aussprache deutscher Umlaute hatte.

Im Gegensatz zu seinem hochaufgeschossenen Kollegen aus dem Norden war er ein gedrungener, dunkelhaariger Kerl mit einem von Aknenarben und zahllosen Fältchen gezeichnetem Gesicht. Auffällig an ihm waren sein metallener Tunnel im Ohrläppchen, der wie eine Schraubenmutter geformt war, sowie der massive Ring am linken Mittelfinger mit Totenkopfmotiv und einer darum gewundenen Schlange.

Beide fielen nicht in die Kategorie Lieblingsschwiegersohn. Eckensperger schlug insgeheim erneut drei Kreuze, dass seine zwei gescheiterten Ehen kinderlos geblieben waren. Wobei er nicht wusste, was ihn heftiger aufgeregt hätte – ein Sohn, der sich derartig hergerichtet und verhalten oder eine Tochter, die einen solchen Kerl angeschleppt hätte.

»Außerdem werken ssseit Längerem Ihre weisssgekleideten Brüder da oben.«

Luuk wies mit einer Zeitlupenkopfbewegung zum Podium, auf dem Chewing-Joe – am unvermeidlichen Kaugummi kauend – desgleichen seine direkte Vorgesetzte, eine »Frau Magister Irgendwie«, die Untersuchungen vom Vorabend fortführten.

Nach den Fingerabdrücken, die schon gestern vom sichergestellten Mikrofonständer und Effektgerät genommen worden waren, galt es nun bei vollem Tageslicht, die Bühne und Elektrik auf ungewöhnliche Spuren respektive Manipulationen zu überprüfen.

Eckensperger wollte von Luuk und Nick wissen, ob ihnen vor oder im Zusammenhang mit dem Unglück Nennenswertes aufgefallen war.

»Nix«, gab Nicolae flugs zu Protokoll. »Unsere Arbeit war zu diese Zeitpunkt erledigt. Meine Aufgabe ist, ganzes Zubehoer wie Kabelrollen, Staender, Boxen, Monitore, Buehnenmischer raufzuschleppen und an vereinbarten Stellen abzulegen.«

»Verstehe«, räumte Mike ein und wandte sich mit Blick auf Luuks Ofen dem zweiten Roadie zu. »Und Sie als Niederländer sind, wie ich sehe, für die gute Stimmung der Truppe zuständig?«

»Nur, weil ich gelegentlich eine Tüte rauche?«

»Gelegentlich? Da bekommt der Begriff ja eine komplett neue Bedeutung. Sie sind sicher bei den Kollegen vom Drogendezernat kein *um*geschriebenes Blatt!?«

»Kein Blatt, ich bin der Inssstrumentenroadie. Will heißen, ich darf auch die Teile des Ssslagzeugs tragen, auspacken und aufbauen. Außerdem die Ersssatzgitarren, das Keyboard und versssiedene Effektgeräte aufsssstellen.«

Eckensperger ergriff das Wort. Nicht, um das Zitat seines Hilfssheriffs zu korrigieren, sondern um die Beweisaufnahme voranzutreiben.

»Und was haben Sie im Moment des Todes von Herrn Brunner gemacht?«

»Nickerchen«, kam es prompt vom Rumänen. »Dort links, seitlich von Buehne, wo leicht bergauf geht. Im Gras, auf Decke aus Basstrommel. Bin erst auf, wann Mischer explodiert.«

»Du hast dir ssson wieder eine Decke aus der Bass Drum gekrallt? Habe ich dir nicht mehrmals eindringlich gesssagt: Lass deine sssmutzigen Finger davon.«

»Schmutzig ist Decke selbst. Wuerde mich nicht wundern, wenn Floehe …«

»Und, Herr van Leeuwen, was haben Sie getrieben?«, unterbrach der Hauptkommissar den aufflammenden Disput.

»Ich? Äh … meditiert. Neben dem Bandbus.«

»Also Pot geraucht! Allein?«

»Zu wievielt meditieren Sie denn?«, kam es gedehnt von Luuk, was Eckenspergers Laune nicht gerade hob.

Der hatte sich einige Notizen gemacht (»beide kein Alibi«, »absolute Armleuchter«) und schaute grübelnd von einem zum anderen, wie um abzuwägen, von wem noch eine hilfreiche Auskunft zu erwarten wäre.

»Cine aleargă după doi iepuri, nu prinde niciunul«, grinste der Rumäne in seiner Muttersprache.

»Geht's ein bisschen genauer?«, wurde der respektlose Zeuge angefahren.

»Wer zwei Hasen hinterherlaeuft, faengt keinen einzigen«, kam es unbeeindruckt von Herrn Cojocariu.

Im Kommissariat befragte in der Zwischenzeit Nicole die parallel mit dem Toningenieur eingetroffene Karin Aschauer.

Durch ein »Ladies first«, hatte sie die Bühnentechnikerin geschickt als Erste ins Büro gelotst und mit ein wenig Häme den bulligen Jack zum Warten verdonnert.

Bevor der sich beschweren konnte, war ihm die Tür kurzerhand vor der Nase zugezogen worden.

Das angebotene Glas Wasser schlug die blonde Frau ebenso aus wie die Einladung, Platz zu nehmen. Misstrauisch blieb Frau Aschauer neben dem Sessel stehen, auf dessen Lehne sie sich lediglich leicht abstützte. Alles an ihr schien auf der Lauer zu sein, bereit, jederzeit einen Satz auf einen vermeintlichen Gegner zu machen oder die Flucht einzuschlagen.

Nicole wunderte sich über die Anspannung. Gestern hatte die Technikerin einen besonnenen, versierten Eindruck hinterlassen, nun wirkte sie schon vor der ersten Äußerung wie ein in die Enge getriebenes Tier. Das Ergebnis war trotz höchster Kompetenz der Beamtin und verstehendem Entgegenkommen dementsprechend dürftig.

Sie arbeite seit zirka vier Jahren mit Eric zusammen, erstmals für Mannys Band, schilderte die junge Frau, heute in Jeans und ein verblichenes beige-rosé T-Shirt gewandet. Die Musiker und ihr Technikerchef dürften sich aus früheren Tagen gekannt haben, Details dazu wüsste sie nicht. Vermittelt wurden sie über eine Leihfirma, bei der für Gigs Roadies, Mechatroniker, auch Chorsängerinnen und -sänger angefragt werden konnten. Sie habe ihren Kollegen nachweislich geschätzt, viel von ihm gelernt, jedoch kaum privat mit ihm gesprochen. Er hätte auf sie wie gewohnt, sprich »gewissenhaft, sauer bei Verzögerungen und gereizt wegen unprofessionellem Verhaltens, in diesem Fall Mannys« gewirkt.

Genaueres konnte oder wollte Karin Aschauer nicht sagen. Den nächsten beiden Auskünften, wer denn einen Grund gehabt haben könnte, Eric zu schaden und, ob ihrer Ansicht nach, ein unglücklicher Arbeitsunfall vorliege, begegnete sie nur mehr mit störrischem Achselzucken.

»Sie können jetzt gehen, aber stehen Sie weiterhin zu unserer Verfügung.«

Mit diesen Worten verabschiedete Nicole, verärgert über die mangelnde Kooperationsbereitschaft, die Zeugin. Rasch ein paar Protokollnotizen in den Computer getippt, bevor sie den Tontechniker Dietmar Polatschek ins Zimmer holte.

Der riss unaufgefordert das Kommando an sich und machte sich mit einer ungebührlichen Meldung beliebt.

»Wo bleibt die bildhübsche Tussi, die mir einen Kaffee serviert?«

»Die heißt Cafeteria und dort herrscht Selbstbefrie… äh … Selbstbedienung. NACH unserer Unterhaltung. Nehmen Sie Platz und beantworten Sie meine Fragen.«

»Also in den Fernsehserien ist das gaaanz anders«, schmollte Jack, der sich demonstrativ weltmännisch und eloquent geben wollte, dabei einzig präpotent und aufdringlich rüberkam.

Nicole rätselte, warum der Stromschlag ausgerechnet Eric, den Unergründlichen und Einsatzfreudigen, treffen musste und nicht den aufgeblasenen Narzisten am Mischpult erwischt hatte. Mit einem Seufzer wandte sie sich dem unsympathischen Typ zu.

Seine Beziehung zum Opfer beschrieb er anzüglich: »Wie bei einem alten Ehepaar. Kein Sex und dauernd Querelen!«

Natürlich sei man immer wieder bei diversen Großveranstaltungen – das »groß« betonte er anmaßend, als würde einer von seinem Kaliber ausschließlich für Megakonzerte gebucht werden – aufeinandergetroffen.

Die Zusammenarbeit sei, abseits von kleineren Meinungsverschiedenheiten, von gegenseitigem Respekt geprägt gewesen.

»Der Brunner hat schon gewusst, was ich auf dem Kasten habe.«

Nicole dementierte diese Behauptung innerlich vehement. Ihren gestrigen Beobachtungen zufolge hatte Eric wenig bis gar nichts auf die Fähigkeiten des Sound engineers gegeben und das auf seine subtile Art sehr wohl zum Ausdruck gebracht.

Dietmar Polatschek verstand sich indessen nicht auf Hintergründiges, ihn verunsicherten ja nicht einmal seine für jedermann hörbaren, tontechnischen Unzulänglichkeiten. Deshalb war seine Behauptung auch nicht als Lüge zu werten. In seiner Sicht der Dinge war er perfekt, und das gemeine Volk schaute zu ihm, dem »One, two, hey«-Master, auf.

Nach Jacks Dafürhalten war Eric meist zu pitzelig gewesen, »ein pedantischer Fliegenbeinzähler«, wo doch die Fanmenge diese feinsten Nuancen in der Tonabstimmung kaum registrieren würde.

»Denen ist wichtig, dass ihnen die Dezibel einen gediegenen Scheitel ziehen und den Mädels die Bässe anständig zwischen den Beinen vibrieren, wenn Sie verstehen, was ich meine.«

Was für ein Ekelpaket! Nicole schüttelte sich unwillkürlich und war überaus dankbar, als Sebastian Seiler zur Befragung dazustieß.

Der war allerdings gleichfalls mieser Laune. Er hatte erst zwei Gruppenmitglieder, den Keyboarder und den Sologitarristen, erreicht. Die waren, erbost über die vormittägliche Störung ihres Schönheitsschlafes, ihrer Verdrossenheit freien Lauf lassend, wortgewaltig auf ihn losgegangen. Offenbar hatte die Truppe nach der Konzertabsage in einem Szenelokal fleißig weitergebechert, um sich über den ausgefallenen Gig hinwegzutrösten. Außerdem wäre für 11:00 Uhr eine spontane Bandbesprechung angesetzt, weshalb sie frühestens nach Mittag im Kommissariat »antanzen« könnten.

Seinen Missmut ließ Sebastian am vorgeladenen Sound engineer aus.

»Sie waren entschieden der Lauteste gestern«, lästerte er.

Jack schaute erfreut auf.

»Schön, das zu hören«, tönte er, ohne sich darüber im Klaren zu sein, dass die Wortmeldung nicht unbedingt ein Kompliment gewesen war.

Der Polizist schluckte eine kecke Antwort hinunter. Professionalität an Stelle von Provokation war angesagt. Möglicherweise ließ sich ja beides verbinden?

»Vom technischen Verständnis her, hätten Sie wohl am ehesten das Zeug für eine gediegene Elektrofalle?«

Die Gemütslage des Verhörten kippte schlagartig von selbstgefälliger Arroganz in misstrauische Aufsässigkeit.

»Was willst du damit andeuten, du Lennon-Verschnitt?«, stichelte Jack in Anspielung auf Seilers runde Brillengläser. »Bin ich plötzlich in die Liga der Verdächtigen aufgestiegen?«

»Kein Grund zur Aufregung«, mischte sich Nicole ein. »Wir müssen alle Umstände überprüfen. Sie sind nach wie vor ein wichtiger Beteiligter, schließlich hatten Sie von Ihrem Technikersitz den besten Überblick. Und neben Karin …«

»Ich war nicht einmal in der Nähe der Bühne. Das müssten Sie doch am besten wissen«, unterbrach Herr Polatschek unhöflich die Erhebung. »Natürlich, vom Know-how her betrachtet, habe ich am meisten drauf. Die Karin muss froh sein, wenn sie die Stative aufklappen kann, ohne sich dabei zu verstümmeln.«

»Sehen Sie? Sie sind und bleiben nun mal unser Hauptverdächtiger!«

Sebastian machte es merklich Spaß, den massigen Techniker zu attackieren.

»Verlassen Sie die Stadt nicht. Der Herr Hauptkommissar wird sich eingehend mit Ihnen austauschen wollen.«

»Hey, was soll das heißen? Willst du mir drohen, du … du …?«

»Polizeibeamter heißt das Wort, das Sie suchen. Und nein, das war keine Drohung, das war ein Versprechen!«

Alle sind wir Sünder

»Seiler, haben Sie meine Anweisungen nicht verstanden?«, blaffte Eckensperger in seinen billigen iPhone-Klon. »Wieso tanzt die ganze Musikerschar hier auf dem Festgelände an?«

»Das müssen Sie die schon selbst fragen. Bei mir haben lediglich der Tastenheini und der Saitenwürger abgehoben. Und ob die gecheckt haben, dass eine Einladung zu uns ins Präsidium Vorrang vor anderen Terminen hat, hat sich mir nicht erschlossen.«

»Was reden Sie so geschraubt daher? Leben Sie etwa bereits Ihre Schriftstellerkarriere aus? Warum sind Sie überhaupt noch im Kommissariat und nicht längst in der Wohnung des Verblichenen? Kollegin Sedlacek soll die Stellung im Büro halten, ich erwarte in Kürze weitere Ergebnisse der Spurensicherung.«

Tatsächlich hatten sich alle Bandmitglieder inklusive ihres Leaders an einem der obligaten Holztische zu einer Art Konferenz eingefunden.

Auf der Tagesordnung schien die Abarbeitung alkoholischer Getränke zu stehen, denn – oh Wunder – ein 24er Pack Bierdosen stand als kleine Zwischenmahlzeit ebenfalls griffbereit. Die beiden Frauen, Nancy und Elke, glänzten durch Abwesenheit, wobei erstere garantiert für die Zusammenkunft der Gruppe gesorgt hatte. Wie aus dem Nichts tauchten plötzlich etliche Reporter und Fotografen auf, die Manny und seine Mannen zum gestrigen Vorfall interviewen und Bilder vom geschockten Rockstar und der Unglücksbühne schießen wollten.

»Mauser, verbannen Sie die Pressemeute vom Gelände! Möchte wissen, woher die Aasgeier Wind von der Story haben.«

»Da hat die PR-Lady ihren Job wohl einmal professionell erledigt«, mutmaßte Mike, der seine liebe Not damit hatte, die widerspenstige Journalistentruppe mit dem Vermerk auf Spurenverwüstung vom Platz zu vertreiben.

Eckensperger richtete währenddessen auf dem Nebentisch, dem mittleren, ein provisorisches »Büro« ein. Sprich, er deponierte seinen unvermeidlichen Notizblock und zwei am oberen Ende abgekaute Bleistifte. Seine Schreibgeräte hatten seit dem Lehrgang »Gewaltfreie Kommunikation – die sanfte Form der Gesprächsführung« vermehrt zu leiden. Für jede resche Äußerung, die er sich verbiss, musste er auf irgendeine Weise Dampf ablassen, da kamen Kugelschreiber & Co. gerade recht.

Michael Mauser hieß er Platz zu nehmen und den Laptop zu starten.

Kurzentschlossen nahm der Chefermittler die Bierdosenpackung, wuchtete sie auf den dritten Tisch und verkündete: »Wir werden Sie jetzt getrennt voneinander befragen, wenn Sie hier schon so fröhlich versammelt sind. Wer fertig ist, darf zu den Getränken weiterwechseln. Solch ein Service gibt's im Wachzimmer natürlich nicht, auf das wir Sie sonst bitten müssten. Also, wer will anfangen?«

Die Auswahl war groß, vier Hände schossen in die Höhe. Lediglich Roman Raifeder, der Keyboarder, schien keine Eile zu haben oder darauf zu vertrauen, die Kollegen ließen ihm seinen Hopfenteeanteil übrig.

Dem Kommissar kam das seltsam vor, außerdem war er für unkalkulierbare Aktionen bekannt.

»Dann beginnen wir am besten mit jenem Kandidaten, der sich nicht gemeldet hat. Dezente Zurückhaltung soll belohnt werden.«

Der Aufgerufene erhob sich zögerlich, der Rest der Crew murrte.

Von seiner dunklen, unordentlichen Haarmähne, die von zahlreichen Silberfäden durchzogen war, abgesehen, sah der von Seiler »Tastenheini« titulierte von den Bandmusikern am alltäglichsten aus. Unauffällige Jeans, ein olivfarbenes »Slipknot«-T-Shirt, ehemals weiße Sportschuhe. Keine Ringe, Tätowierungen, Flinserln oder sonstige Absonderlichkeiten.

Ergänzend zu den tags zuvor erhobenen, persönlichen Angaben und Romans Schilderungen zum Tathergang, wollte Eckensperger nun Näheres über dessen Verbindung zum Toten hören.

»In welchem Verhältnis standen Sie zu Herrn Eric Brunner?«

»In absolut keinem. Er machte sein Ding, ich meins. Im Gegensatz zu den anderen muss mein Instrument weder gestimmt noch eingespielt werden. Luuk baut es auf, ich schalte es ein. That's it! Eric brauchte auch nichts daran zu reparieren wie bei den Gitarren. Denen hat er des Öfteren ein Pimp up verpasst. … Wann ich ihn zuletzt gesehen habe? Na, Sie fragen Sachen! Ich führe ja kein Tagebuch. Wird ungefähr fünf Jahre her sein. Da hat er für ein paar Gigs Bernie an der Leadgitarre ersetzt, weil der für längere Zeit ausfiel. Ich hätte den Eric gestern kaum wiedererkannt, hätte er nicht dieselbe abgefuckte Jacke getragen.«

»Ist Ihnen an Herrn Brunner etwas aufgefallen? War er bedrückt? Aufgeregt? Verängstigt?«

»Sehe ich aus, als interessiere mich das?«, nörgelte der Keyboarder gefühlskalt.

»Ich merke, Sie sind ein Philosoph!«, konnte sich Eckensperger nicht verkneifen.

»So ungefähr!«

»Ein ungefährer Philosoph?«

»Nein, ein Spinner. Das ist nahezu das Gleiche.«

»Und was spinnen Sie sich zusammen, wenn der Tag lang ist und unerfreulich endet wie gestern?«, drängte der Hauptkommissar nach.

»Dass der Eric besser aufpassen hätte sollen. Immerhin ist er ein erfahrener Techniker. Klingt hart, ist es auch. Wie das Leben im Allgemeinen und das von Tontechnikern im Besonderen.«

»Doch ein Philosoph«, warf Mike dazwischen.

Nennenswertes war aus dem Auftaktzeugen nicht herauszukriegen. Insgesamt wirkte er mitleidlos, abgeklärt und kaltschnäuzig. Jeder andere hätte entmutigt die Befragung eingestellt. Nicht so der routinierte Ermittler.

»Ich lasse Sie erst vom Haken, sobald Sie mir über Eric irgendetwas erzählen, womit ich weiterarbeiten kann«, setzte er sein »Opfer« unter Druck.

Roman räusperte sich, drehte sich zum Nebentisch, auf dem seine Kumpels gespannt in seine Richtung starrten und murmelte hinter vorgehaltener Hand: »Eric hat hie und da Stoff vertickt. Von uns nimmt keiner mehr was Härteres seit der Geschichte mit Charlys Schwester. Die ist von einem ihrer Horrortrips irgendwie nicht wieder heimgekehrt. Schlimme Sache.

Hat den Eric ebenfalls ganz schön geflasht. Doch der ist scheint's nicht losgekommen von dem Zeug. Schlimme Sache, ehrlich, aber nicht zu ändern. That's Life.«

Wie zum Abschluss nickte Roman, der Spinner. Seine Bandkollegen warfen ihm finstere Blicke zu. Ungerührt erhob er sich, trottete einen Tisch weiter und krallte sich die erste Blechbüchse. Damit hatten die übrigen vier einen zusätzlichen Grund, düster dreinzuschauen.

Logischerweise kam Charly, der Bassist, als Nächster an die Reihe. Im Gegensatz zum Philosophen war er der Gruppenclown. Karl Oberpolzer trug ein dunkelgraues T-Shirt mit der wichtigen Info »Ich bin wie ich bin. Die einen kennen mich, die anderen können mich.«, beige Cargohosen und trotz der Septembertemperaturen Badesandalen mit einem Trenner zwischen der großen und den übrigen Zehen. Finger- und Zehennägel waren schwarz lackiert, die rechte Hand zierten drei gewichtige Silberringe.

»Guten Tag, Herr Inspektor«, beeilte er sich zu witzeln. »Mein Name und meine Wohnadresse haben sich nach dem gestrigen Verhör nicht geändert. Hier ist mein Führerschein, meine E-Card, mein Pensionistenausweis und meine VIP-Karte für den Getränkegroßhandel. Außerdem habe ich noch eine Glücksmünze, ein benutztes Taschentuch und ein Loch in meinem Hosensack. Gestern Abend habe ich gesundheitspolitische Maßnahmen gesetzt und …«

»Heben Sie sich Ihre Show für die Auftritte auf«, polterte Eckensperger, »und benehmen Sie sich wie ein Erwachsener, nicht wie ein Vollidiot. Wo Sie letzten Abend waren, ist für unsere Recherchen im jetzigen

Stadium unerheblich. Allerdings liegen uns Aussagen vor, Sie hätten ausgiebig in einem Promischuppen gefeiert.«

»Ja, eh.«

»Was soll dann das Gerede mit den gesundheitspolitischen Maßnahmen?«

»Na, vor jedem Schluck haben wir uns mit ›Gesundheit‹ zugeprostet und auf die eigene getrunken. Kann ja recht schnell mit einem zu Ende gehen, wie wir davor erlebt haben.«

Der Begriff »Vollidiot« drängte sich dem Kommissar erneut auf.

»Ich will von Ihnen erfahren, was Sie mit dem Tontechniker bisher zu tun hatten.«

»Rein gar nichts, außer ein paar gemeinsamen Gigs in einem früheren Leben! Danach habe ich ihn bis gestern jahrelang nicht getroffen, nur hie und da was in der Szene von ihm aufgeschnappt. Soviel ich weiß, war Eric in einer Pokerrunde mit Bernie, Jack und Lenny. Ging um eine ganz schöne Menge Geld, wie ich hörte. Und Eric brauchte ordentlich Moneten für seinen täglichen Bedarf. Hatte daher ziemliche Schulden. Bei Jack zum Beispiel wird gemunkelt.«

»Und was ist mit Ihrer Schwester?«, erhöhte Eckensperger den Vernehmungsdruck.

Ihm war aufgefallen, wie gezielt sich Karl Oberpolzer mit Motiven anderer aus der Schusslinie bringen wollte. Die Namen der Zocker hatte der Beamte notiert. Durchdringend sah er seinen Zeugen an. Der amüsierte Zug um Charlys Mund verschwand, seine Schultern sackten nach unten, und seine Augen irrten unruhig umher.

»Was soll mit Evchen sein?«

»Nun, unseren Ermittlungen zufolge wurden ihr von Eric harte Drogen offeriert? Das hat ihr übel mitgespielt, oder?«

»Dieses Arschloch! Nicht, dass Sie glauben, er hätte im großen Stil gedealt. Er hat ihr halt hie und da was gegeben, und sie war neugierig, hat einiges ausprobiert. Rund vierzig Jahre ist Eva schon in einer Klinik und erholt sich einfach nicht. Schwerst suizidgefährdet, völlig neben der Spur, meist erkennt sie mich nicht einmal. Als ob sie sich nach und nach auflöst. Umgebracht hab' ich den Eric, das Drecksstück, deswegen noch lange nicht. Ich wollte miterleben, wie er selbst scheibchenweise vor die Hunde geht. Hätte nicht mehr ewig gedauert, er sah ja bereits seit geraumer Zeit aus wie der wandelnde Tod.«

»Dann haben Sie ihn doch immer wieder gesehen?«, warf Eckensperger geistesgegenwärtig dazwischen.

Diese Fährte wirkte durchaus verfolgenswert.

»Nicht direkt, eher aus der Ferne. Er musizierte hie und da in kleinen Clubs, in der Pause ging er mit dem Hut absammeln. Jämmerlich. Dabei hatte er von uns allen unbestritten am meisten Talent. Ich hielt mich stets im Hintergrund, wollte bloß auf dem Laufenden sein, wie es um ihn stand. Wäre er groß rausgekommen, hätte ich ihm vielleicht etwas angetan. Aber so einem Wrack? Der war gestraft genug.«

»Trotzdem haben Sie ein gewaltiges Motiv, Herr Oberpolzer. Bleiben Sie in der Stadt, und halten Sie sich weiterhin zu unserer Verfügung.«

Damit wurde Charly, dem das Blödeln sichtlich vergangen war, fürs Erste entlassen.

»Lenny ist jetzt gleich wer?«, erkundigte sich Eckensperger, seine Mitschrift analysierend.

»Wahrscheinlich Leonhard Bloch, der heisere Drummer«, dozierte Mike wichtigtuerisch. »Der, der die Haare um den Mund statt oben auf dem Kopf trägt.«

Mit kratziger Stimme erläuterte der aufgerufene Schlagzeuger kategorisch: »Keine Ahnung, was Sie von mir wollen, ich verspürte keinen Drang, Eric aus der Welt zu schaffen. Im Gegensatz zu manchen anderen. Schließlich hatte der früher was mit unserem Goldkehlchen Nancy. Wussten Sie das? Ist mittlerweile natürlich minimal über dem Ablaufdatum, die Gute. Dabei war die in den späten 70ern und frühen 80ern ein heißer Feger. Womöglich wollte die noch was von ihm? Und er ließ sie abblitzen? Man sagt doch, es gibt keinen größeren Zorn als den einer Frau, die nicht erhört wird. Darüber hat Manny höchstpersönlich einen Song geschrieben. ›Son Of A Bitch‹ heißt er. Ist meist unsere erste Zugabe.«

Wann er den Toten zuletzt gesehen hatte, wollte Herrn Bloch nicht so recht einfallen.

»Lebendig?«

»Der nächste Möchtegernpausenclown«, dachte Eckensperger. Laut merkte er ätzend an: »Ich helfe Ihrem Gedächtnis mal auf die Sprünge. Wann stieg denn die letzte Pokerpartie?«

Der Musiker pfiff erstaunt durch die Lippen. Sogar sein Pfeifton klang irgendwie heiser.

»Ja, wann war denn das?«

»Eventuell hilft ein Blick in Ihr Handy, bevor wir es konfiszieren und uns schlaumachen«, schlug Mike hämisch vor. »Fliegen haben kurze Beine.«

»Hä? ... Also das mit der letzten Begegnung muss ziemlich exakt ... zwei, nein drei Wochen her sein. Am Montag darauf kehrte meine Frau von Ihrem Wellnessurlaub zurück, seither hab' ich an keiner Runde mehr teilgenommen. Trautes Eheleben, Sie verstehen?«

Der Kommissar verlangte nähere Auskünfte zum erwähnten Glücksspielabend.

»Tja, ich bin mit einem blauen Auge davongekommen. Bernie hat massiv verloren, Eric nach anfänglichen Gewinnen ebenso ein paar Zehner. Jack hat die große Kohle gemacht. Ich bin mit Bernie um knapp nach zwei zum nahen Taxistandplatz, waren erfreulicherweise grad zwei Autos da. Wir sind eingestiegen und heimwärts gefahren, getrennt, versteht sich. Eric und Jack blieben noch. Sollte mich nicht wundern, wenn Eric den Dicken um Geld angehaut hätte. Von mir hat er sich auch immer wieder was geliehen. Manchmal hab' ich ihm schnell einen Hunderter zugesteckt, ich verfüge ja über ein geregeltes Einkommen durch meine kleine Schlagzeugschule. Zurückgekriegt hab' ich nie was. Wollte ich gar nicht. Eric war irgendwie ein armer Hund, aber ein genialer Musiker sowie beständiger Kartenbruder. Und unter Kollegen hilft man sich, so ist das nun mal.«

»Damit wollen Sie mir klarmachen, es gab für Sie keinen Beweggrund, Eric etwas anzutun?«

»Korrekt, Herr Oberinspektor!«

»Dann knöpfen wir uns jetzt Bernie, den massiven Verlierer, vor«, verkündete Eckensperger, während Lenny sich mit dem Auftrag, das Land nicht zu verlassen, zu seinen beiden Kumpels und dem schrumpfenden Bestand an »Blechbrötchen« gesellte.

Selbstverständlich hatte auch der Sologitarrist im knöchellangen Beerdigungsmantel und mit dunkler Sonnenbrille nichts gegen Eric gehabt. Zeitweise durch diesen ersetzt worden zu sein, hätte er begrüßt, weil er sich von ihm bestens vertreten gefühlt hatte.

»Warum sind Sie eigentlich damals gleich für etliche Wochen ausgefallen?«, forschte der Kommissar nach.

»Nichts ist mir aufgefallen«, konterte der Befragte prompt.

»Dazu später. Ich will wissen, warum Sie längerfristig AUSgefallen sind«, wiederholte Eckensperger mit erhobener Stimme.

»Ach so! Böser Sturz die Eisentreppe im Probelokal runter. Becken- und Oberschenkelhalsbruch, längerer Spitalsaufenthalt. Jetzt hab' ich einen Metallstift in der Hüfte.«

»Interessant! Über den langen Mantel gestolpert? Mit der schwarzen Brille zu wenig Durchblick gehabt? Dermaßen schlimm stürzen gewöhnlich nur sehbehinderte oder besonders gebrechliche Menschen mit nachlassender Reaktionsfähigkeit?«, wunderte sich der leitende Kriminalbeamte.

»Oder Sturzbesoffene«, warf Mike ein. »Wie der Name so schön sagt.«

»Da kommen wir der Ursache schon näher«, gab Bernd Schönfried unumwunden zu. »Hatte tatsächlich ein bisschen zu viel getankt. Rumms, Bums, Ende Gelände. Ich kann mich kaum mehr an was erinnern.«

»Vielleicht, wann Sie Eric zuletzt gesehen haben?«, nahm Eckensperger das eigentliche Thema wieder auf.

»Na, gestern! Sie waren ja dabei!«

»Davor, meine ich, Sie Rhinozeros!«

Der Kommissar versuchte tagtäglich aufs Neue, ein netter, höflicher Mensch zu sein. Aber manchmal spielte sein Mundwerk einfach nicht mit.

»Kein Grund, angriffig zu werden. Ich hab' nichts zu verbergen. Ende August, an einem Freitag, bei unserem Pokerturnier. War ein rabenschwarzer Abend für mich und mein Konto.«

»Ach, deshalb die Brille, der Hut und der Mantel?«, konnte sich Eckensperger nicht verkneifen.

Mike grinste. Im Umgang mit lästigen Zeugen schien sein Ex-Boss nach wie vor der Alte zu sein.

»Oh, ganz ein Lustiger, der Herr Kommissar. Mit Wuchteln werden Sie den Fall nicht lösen. Bei mir verschwenden Sie soundso Ihre Spucke. Manny kann Ihnen sicher wesentlich Spannenderes über Eric erzählen. Schließlich hat er ihn ›entdeckt‹. Dann hat Eric die Nancy ›entdeckt‹ und schlussendlich hat der Manny entdeckt, dass der Eric auf ›seine‹ Sängerin steht. Daraufhin musste unser Genie die Gruppe verlassen. Meine Chance. Weil ich dadurch Gitarrist und fixes Besetzungsmitglied wurde, meine ich. Eric durfte hernach hie und da aushelfen, gegen ihn ausgetauscht hätte Manny mich nie und nimmer.«

»So betrachtet hätte ja Eric bessere Gründe gehabt, Manny etwas anzutun als umgekehrt. Das mit dem Verhältnis zwischen Eric und Nancy wird den Bandleader nach all den Jahren wohl nicht sonderlich gekratzt haben«, warf Mike ein.

»Ja, Eric ist abgekratzt. Viel zu früh, wenn Sie mich fragen.«

»Da drehen Sie meinem Mitarbeiter das Wort im Mund um«, korrigierte Eckensperger. »Sagen Sie, hören Sie schlecht?«

»Wie bitte? Ah, schlecht hören! Klar höre ich schlecht. Mein Platz in der Formation ist direkt vor dem Schlagzeug. Was glauben Sie, was da lautstärkenmäßig abgeht? 120 Dezibel locker. Ist zwar nicht easy für einen Instrumentalisten, schwerhörig zu sein, hat aber durchaus seine Annehmlichkeiten: Ich krieg' nicht jedes Gemotze von Manny mit oder falls unser Bassist mal ›in den Gatsch greift‹. Und privat hab' den besten Vorwand, wenn ich die Arbeitsaufträge meiner Freundin verpasse.«

Mikes ungeduldige Seufzer, mit denen er die Schilderung kommentierte, nahmen zu. Er wollte zurück zu seiner Frage, bevor sich Bernd Schönfried endlos über Vor- und Nachteile seines Sinnesverlusts ausließ. Gereizt wiederholte der Polizist seine Einschätzung, die längst vergangene Romanze mit Eric gäbe heutzutage eher keinen Anlass für einen Racheakt des Gruppenchefs am Bühnentechniker ab.

Bernie war anderer Meinung und hatte offenbar einen weiteren Pfeil im Köcher.

»Alte Liebe rostet nicht. Meine Rede, denken Sie daran. Zusätzlich könnte Eric Manny unter Druck gesetzt haben. Image und so.«

»Das müssen Sie mir jetzt näher erklären!«, wurde der Musiker aufgefordert.

»Na, der Manny ist ja mittlerweile ein ganz Solider geworden. Was glauben Sie, warum der die Bierdose gestern zurückgeworfen hat?«

»Kunststück! Er war längst beim Gin angelangt, wie meine Kollegin berichtete.«

»Von wegen! Lassen Sie sich bloß nicht täuschen. In den Ginflaschen ist pures Wasser. Seit Jahren. Und Eric wusste mit Bestimmtheit noch Gravierenderes über unseren Frontman, was für die Presse ein gefundenes Fressen gewesen wäre. Da genügte ein Blick zwischen den beiden, und Eric bekam, was er wollte. Also zum Beispiel den nächsten Technikerjob, eine höhere Gage, einen Gig, den wir ablehnen mussten, weil wir bereits für denselben Tag gebucht waren …«

Eckensperger füllte einen frischen Zettel auf seinem Schreibblock. Danach spulte er seinen amtlichen Schlusssatz ab und schickte Bernd Schönfried an den Biertisch.

Zu seinem Assistenten rekapitulierte er: »Interessant, wie jeder auf den Nachfolgenden verweist und eine Ursache für dessen Differenzen mit Eric findet. Das ist ja wie im ›Reigen‹!«

»Ach Boss, hören Sie mir auf mit Kindertänzen.«

Mikes Allgemeinbildung ließ echt zu wünschen übrig.

Soll ich reden, darf ich schweigen?

»Die Crème de la Crème zum Grande Finale! Herr Manfred Zabek, darf ich bitten?«

Manny packte seine »Gin«flasche, erhob sich und ließ sich – wie die anderen zuvor – gegenüber von Eckensperger nieder. Ziemlich mühsam und steif. Man sah ihm seine Probleme mit den Bandscheiben und Gelenken an, denn er bewegte sich unelastisch, fast tattrig. Ließ man sein markantes Outfit und sein großspuriges Star-Gehabe beiseite, gab er im Grunde genommen eine jämmerliche Gestalt ab.

Die Jahre hatten ihm von allen Mitgliedern am deutlichsten zugesetzt.

Außerdem schwitzte er beträchtlich, was von der Aufregung, zu hohem Blutdruck, Medikamenten oder der Minimalanstrengung des kurzen Weges herrühren konnte. Schnaufend streifte er seine Lederjacke ab und gab die Aussicht auf seine vom Alter gezeichneten Arme frei. Das Tattoo am rechten Bizeps war ursprünglich wohl ein Adler gewesen. Mittlerweile glich der Vogel mehr einer Krähe im Mediumformat. Der Muskelabbau ließ sich auch am schlaffen Hals des Musikers ablesen.

»Das gibt es doch gar nicht, dass irgendjemand Eric umbringen wollte«, eröffnete er das Gespräch.

»Tja, man möchte es kaum glauben«, bestätigte Eckensperger mit ironischem Unterton. »Wenn da nicht seine Leiche wäre.«

»Vielleicht handelt es sich ja wirklich um ein technisches Missgeschick. Eric war zwar enorm sachkundig und gründlich, aber falls er vorher etwas eingeschmissen hat? Da kann ganz schnell was schiefgehen, oder?«

Hoffnung schwang in Mannys Stimme mit. Ein zeitnahes Ende der Ermittlungen war ihm wichtig. Nur so bestand die Möglichkeit, zumindest das heutige Konzert zu retten. Jahrelang hatte er eine derartige Chance herbeigesehnt, um diese sollte er unmittelbar vor dem Ziel betrogen werden?

»Mutmaßungen helfen uns nicht weiter«, schnauzte der Kommissar, dem kommerzielle Teilerfolge eines gealterten Rockidols nichts bedeuteten. »Erzählen Sie mir von Ihrer Beziehung zu unserem Opfer.«

»Nun, da muss ich ein bisschen ausholen«, begann Manny seinen Rückblick. »Wir haben gemeinsam mit mäßigen Resultaten das Gymnasium absolviert und dort im Schulorchester erste Bühnenluft geschnuppert. Eric spielte unseren Musiklehrer mit der Gitarre glatt an die Wand, ich konnte leidlich singen und klimpern, war jedoch bereits damals ein Alphatier. Nach dem Schulabschluss ging Eric aufs Jazzkonservatorium, ich jobbte bei diversen Verlagen und Plattenfirmen im Lager und auf Messen. In meiner Anfangsband war er Sologitarrist und Chorsänger, eigentlich der Anlass, warum man bald eine Platte mit uns aufnahm. Leider war Eric nicht gefestigt, immer irgendwie auf der Suche und leichte Beute für Verführer und falsche Freunde. Instrumente und technisches Equipment interessierten ihn. Deshalb machte er sich neben seinem musikalischen rasch einen tollen Namen als Servicemann. Er hat die Saiteninstrumente etlicher absoluter Rock- und Popgrößen gewartet, Synthesizer und Mischpulte repariert. In seiner kleinen Souterrainwohnung herrschte ein ständiges Kommen und Gehen. Die Szene gab sich geradezu die Türschnalle in die Hand. Alle haben ihn geschätzt, vereinzelt sogar mächtig ausgenützt.«

Eckensperger hatte aufmerksam zugehört und sich das Stichwort »Technikerjobs« notiert. Das Thema aufgreifend stoppte er den Redefluss des Zeugen und sprach ihn auf das gestern unvorhergesehen gewünschte »Vintage-Röhren-Kistl« an.

Dieses Effektgerät war Erics besonderer Stolz gewesen. Es stammte aus seinen musikalischen Anfängen, wo er es sich von seinen ersten Gagen zusammengespart und direkt aus den USA importiert hatte. Von außen wirkte das Ding eher unscheinbar – ein stabiles Blechgehäuse mit integriertem Netzteil und wenigen Reglern – soundete aber immens. Der Hersteller dieses Unikats war auf dem abgegriffenen Etikett nicht zu erkennen. Mit Sicherheit existierte die Firma längst nicht mehr, weshalb Eric sein Heiligtum besonders liebevoll pflegte.

Mittlerweile hatte es den Besitzer gewechselt, denn Manny hatte es seinem Freund vor einigen Jahren abgekauft, als der (wieder einmal) dringend Bargeld benötigte.

Die Großzügigkeit war gewiss mit ein wenig Häme verbunden, entnahm der Ermittler aus Tonfall und Mimik des Berichterstatters. Dem hingegen war die einfache Bedienung wichtig. Mit zwei Switches konnte man die Gitarre entweder santanaartig singen oder metallicamäßig rotzig röhren lassen.

»Mehr gibt es über das Ding nicht zu sagen«, schloss Manny die Materie ohne großen Enthusiasmus ab. »Es stand soundso die meiste Zeit bei Eric. Immer gab es was daran herumzubasteln. Ich denke, er hat es mir äußerst ungern abgetreten.«

Eine selbstzufriedene, höhnische Grimasse überzog das Gesicht des Rockers.

Der Kommissar schloss an die Ausführungen vor seiner Zwischenfrage an: »Warum meinten Sie zuvor übrigens, man habe unser Todesopfer ausgenützt?«

»Nun, Eric kreierte oft aus dem Bauch heraus ein paar Riffs und eine echt geile Leadzeile, sang zwei, drei kurze, englische Phrasen dazu und plötzlich war ein knackiger Song geboren. Bei einigen dieser Kompositionen wurde er in den Urhebermeldungen angeführt, meist jedoch hat er sich mit ein paar Geldscheinen zufriedengegeben. Und natürlich wurde getrunken, geraucht und … na, Sie wissen schon.«

»Zwischen Ihnen kam es relativ bald zu einem Zerwürfnis? Eric musste die Band verlassen, und Sie haben sich einen neuen Mann in die Formation geholt?«

»Sie wollen mir jetzt nicht ein Mordmotiv andichten?«

Empört fuchtelte Manny mit seinem mageren Arm ungezielt vor der Nase seines Gesprächspartners durch die Luft, bevor er erschöpft von der Anstrengung in sich zusammensank. Konditionell war ihm ein zweistündiger Liveact kaum zuzutrauen. Da hatten Adrenalin und Aufputschmittel kräftige Unterstützung zu leisten.

»*Ein* Mordmotiv? Tatsächlich fielen mir da aus langjähriger Erfahrung ad hoc mehrere ein. Von Neid und Missgunst seit jeher angefangen, über Eifersucht auf Ihre Muse und deren Beziehung zu Eric, bis hin zur Sorge, ob Ihr Exgitarrist Ihre wenig öffentlichkeitstauglichen Geheimnisse vor dem Comeback offenbart, falls ihm sensationshungrige Klatschkolumnisten genug Geld dafür hinblättern. Knapp bei Kasse war er doch tagaus, tagein? Ich erwähne nur Spielschulden, Drogenkonsum, keine großen Einnahmen. Und was wohl Ihre Follower dazu getwittert hätten?«

Manny starrte den Kommissar entsetzt an. Entweder wegen der Fülle der aufgezählten Vorwürfe oder, weil jemand aus seinem engsten Umfeld Unliebsames enthüllt hatte.

»Welches Arschloch hat …«, entfuhr es dem alten Rocker. »Ok, soll ich Gründe gehabt haben. Und dann bin ich darüber hinaus dermaßen ungeduldig oder total verblödet und bring' den Brunner ausgerechnet vor meinem groß geplanten Revival um? Noch dazu auf dem Podium, das zum Tatort und gesperrt wird?«

»Keiner hat behauptet, der Mörder wäre eine Intelligenzbestie. Manchmal reicht der Verstand nicht weiter als bis zum nächsten falschen Ton. Vielleicht treibt man damit die CD-Verkäufe in die Höhe? Ich kenn' mich da nicht so aus.«

»Das glaub' ich Ihnen aufs Wort! Von CD-Verkäufen kann heute kein Musiker mehr leben, nicht einmal g'scheit verhungern, Herr Staatsbeamter mit Fixeinkommen.«

Dem erfahrenen Kommissar gingen die Argumente allerdings so schnell nicht aus.

»Außerdem könnte Ihr Bühnentechniker kürzlich gedroht haben, Nachteiliges über Sie an die Medien oder Ihre Fans zu verraten. Negative Schlagzeilen hätten Sie bei Ihrem Comebackversuch auf gar keinen

Fall brauchen können. Da nimmt man wahrscheinlich eher eine Konzertabsage in Kauf?«

»Was bitte schön, soll der Loser schon groß Nachteiliges über mich gewusst haben?«

Manny hatte seine Contenance zumindest äußerlich wiedergefunden. Gezittert hatten seine Hände bereits vom Beginn der Unterhaltung an. Nun wollte er ausloten, wie viel dem Ermittlungsteam bisher zugetragen worden war. Oder er übte sich in der Perfektion von Gegenfragen. Eckensperger war versiert genug, zu wissen, wann es sinnvoll war, Interna auszuplaudern. Sollte der Gruppenchef ruhig mitkriegen, was der Behörde an Belastendem vorlag.

»Na, zum Beispiel, dass Sie seine Kompositionen als eigene ausgeben, dass Sie seit Jahrzehnten in einer fixen Beziehung leben und *Aqua*holiker sind. Soll ich fortfahren?«

Manny zuckte leicht zusammen, fasste sich jedoch erstaunlich rasch.

»Den Schwachsinn hätte ihm auch wer abnehmen und eine große Story wittern müssen. Glauben Sie mir, ich weiß, wie schwer es ist, einen Journalisten zu einem Artikel zu bewegen. Da scheitern routiniertere und strukturiertere Personen! Und zum Thema Rauswurf: Den hatte der Eric sich selbst zuzuschreiben. Die tollen Soli von den einzelnen Studioaufnahmen brachte er bei Live-Gigs nie rüber. Entweder er war zu alkoholisiert, um sie konzentriert abzuspulen oder zu stoned – dann dauerten die ewig, groovten grundsätzlich, aber langweilten die Menge, die längst lieber den Refrain mitgrölen wollte.«

Die Andeutung von Nancys Verhältnis mit Eric überging Manny geflissentlich.

»War's das? Ich hab' nämlich etliches zu erledigen. Meine Aufgabe als Bandleader ist es, dafür zu sorgen, dass wir heute Abend vielleicht doch *auf*treten können.«

»Und meine ist es, dafür zu sorgen, dass hier nicht noch einer *ab*tritt und mit den Füßen voran vom Festivalgelände getragen wird«, schloss Eckensperger das Verhör betont drastisch ab, während er auf seinem Block ein paar zur Stimmung passende Galgen mit einem darüber kreisenden Aasgeier skizzierte.

Mike hatte zuletzt nur mehr halbherzig mitgeschrieben. Seine Aufmerksamkeit galt der hübschen Sängerin Elke Moritz, die vor wenigen Minuten angekommen war und unschlüssig vor der Bühne stand. Ob sie sich zum Rest der Crew gesellen sollte? Der Abstand zum respekteinflößenden Hauptkommissar war allem Anschein nach zu gering. Deshalb wartete sie in sicherer Entfernung, Mikes Blick achselzuckend erwidernd, und wechselte, Haarsträhnen um ihren linken Zeigefinger drehend, vom einen auf das andere Bein.

»Mauser, haben Sie einen Krampf in den Fingern, weil Sie so schleppend tippen?«, ätzte Eckensperger, bevor auch er die Chorsängerin entdeckte.

Sie entpuppte sich als kärglicher Abschluss des intensiven Ermittlungsvormittags. Zum Zeitpunkt des Vorfalls war sie im Beisein Michael Mausers in einer der drei Künstlergarderoben gewesen, zu Mannys Truppe war sie erst vor etwa zwei Jahren gestoßen, durch eine Annonce im Musikfachblatt. Ihre Vorgängerin hatte ihr mit dem giftigen Hinweis »Freu dich nicht zu lang, bald wirst du genau wie ich gegen eine Jüngere und Knackigere ausgetauscht werden« die Songmappe und einen Terminplan übergeben. Eric hatte sie nie zuvor gesehen, auch sein Name sagte ihr nichts. Elke gehörte einer neuen Musikgeneration an und wollte bei »Black Fire« lediglich weitere Auftrittserfahrung sammeln. Mit den Burschen sei sie im Wesentlichen gut ausgekommen, manche derbere Sprüche hätte sie hingenommen, nach den Proben und Konzerten wäre sie soundso immer eiligst abgerauscht beziehungsweise von ihrem Freund abgeholt worden. Die Erwähnung eines festen Freundes ließ Mike enttäuscht aufseufzen. Abschließend erkundigte sich Frau Moritz beim Kommissar, ob die abendliche Show seiner Einschätzung nach stattfinden werde.

»Das habe nicht ich zu entscheiden«, meinte dieser und verkniff sich die spöttische Zusatzbemerkung »Entweder ja oder nein. Ansonsten vielleicht oder lieber nicht.«

Eckenspergers Handy läutete. Die KTU hatte ihre Untersuchungen vor Ort abgeschlossen, das Areal war freigegeben.

»Mike, holen Sie mir den Gruppenboss nochmals herüber, ich habe eine erfreuliche Nachricht für ihn.«

»Ihre erfreuliche Nachricht können Sie sich einrahmen und an die Wand hängen«, motzte Manny. »Soeben hat mich das Veranstaltungsmanagement angerufen und das Konzert abgesagt. Denen ist das zu heikel, solange der Todesfall nicht aufgeklärt ist. Am Ende promoten die als renommierte Firma einen Mörder, das wollen sie nicht riskieren. Hat die Welt sowas schon gehört? Wenn wer Angst haben müsste, dann wohl ich. Solche Blindgänger! Hosenscheißer und Weicheier!! Kümmerliche, kleinkarierte Jammerlappen. Zum Teufel mit euch!«

Mannys Enttäuschung und Wut waren ihm ins Gesicht geschrieben.

Der Kommissar reagierte ungewöhnlich einfühlsam: »Nun, in diesem Zusammenhang kommt meine zweite Botschaft nicht so unangenehm rüber: Die Spurensicherung musste einen Teil des Bühnenequipments für nähere Überprüfungen mit ins Labor nehmen. Die Liste wird Ihnen zugemailt.«

»Tun Sie, was Sie nicht lassen können. Ist eh alles im Arsch.«

Seine Kumpanen ließen erstaunt von ihren Bierdosen ab, als sie den Bandleader toben hörten. Charly versuchte, ihn mit einer beruhigenden Handgeste zu besänftigen, Lenny hob fragend seine Schultern. Die übrigen Musiker warfen zunächst einander, daraufhin den beiden Polizeibeamten verständnisheischende Blicke zu, bevor sie sich den letzten Getränkeresten zuwandten.

Durch den Konzertausfall würde vermutlich über kurz oder lang der Sondereinsatz aufgehoben werden. Schön für die Kollegen, die nun ins Wochenende starten konnten. Weniger schön für Eckenspergers Abteilung. An der Ermittlung mussten sie, egal ob mit oder ohne Veranstaltung, dranbleiben. Ganz bitter für Alexa und Konsorten, jedwede Schwarzmarktticketverkäufer, Taschendiebe, Gunstgewerblerinnen und andere Kleinganoven, die um ihr Geschäft gebracht wurden. Dasselbe galt bedauerlicherweise gleichermaßen für alle ehrlich Arbeitenden an den Imbiss- und Fanartikelständen.

Eckenspergers Handy läutete erneut.

Diesmal meldete sich Nicole mit dem Anliegen, ob sie die Managerin der Gruppe, die überraschend im Büro aufgetaucht war, befragen oder zum Warten auf den Hauptkommissar auffordern solle.

»Reden Sie ruhig mit ihr, so von Frau zu Frau. Nebenbei bemerkt ist die Gute nicht nur die PR-Dame, sondern obendrein seit Jahrzehnten fest mit Manny liiert.«

»Ich dachte mir bereits etwas in der Richtung. So, wie der sie in der Öffentlichkeit behandelt hat, geht man mit seiner Langzeitbeziehung, nicht mit Berufspartnerinnen um.«

»Sie und Ihre weibliche Intuition! Allmählich werden Sie mir unheimlich. Oh, ich werde soeben von Ihrem Lieblingsspurensicherer Joe herangewunken. Vielleicht frische Erkenntnisse? Anschließend kommen Mauser und ich ins Büro. Am Nachmittag Teambesprechung und Faktenaustausch! Fürs Erste also ›Mahlzeit‹, Fräul… äh … Frau Kollegin Bauchgefühl.«

Warum soll eine Frau kein Verhältnis haben?

»Sie müssen doch unheimlich stolz auf Ihren Mann und seine Karriere sein?«

Nicoles Stimme bekam einen ehrfürchtigen Klang. Zugleich lockte sie ihr Gegenüber mit der Feststellung aus der Reserve. Der von Berufs wegen guten Beobachterin war der schmale, hellere Hautstreifen am rechten Ringfinger nicht entgangen. Und im Kombinieren war sie zeitlebens ziemlich geschickt gewesen.

Nancy, die stumm Platz genommen hatte, sah sie anfangs perplex, dann mitleidig, schlussendlich geringschätzig an.

»So, Sie wissen also Bescheid. Freut mich, ehrlich! Das ist schon mal der Hauptgrund für unermesslichen Stolz, als Ehefrau ein Leben lang vor der Öffentlichkeit versteckt zu werden, den Nachnamen des Gatten nicht annehmen zu dürfen. Ring runter, sobald ich mich ›in der Szene‹ bewege. Getragen wird er nur privat. Super! Stolz kann man ebenfalls sein, wenn man nach fünf gemeinsamen Jahren mit Tingeleien in kleinen Clubs beim ersten internationalen Erfolg gegen eine andere Sängerin ausgewechselt wird. Macht weiters wahnsinnig stolz, mitzukriegen, dass der Durchbruch nicht unwesentlich Mannys Affäre mit der abgetakelten Gattin des größten inländischen Plattenbosses zu verdanken war. Da gingen wir immerhin seit drei Jahren fest miteinander. Hätte ich mir damals deren Sohn geangelt, wäre aus mir womöglich eine zweite Lady Gaga geworden. Seinem Sohn konnte der Musikproduzent noch weniger abschlagen als seiner Frau. Leider interessierte sich der Junior ausschließlich für Rennwagen und Motorräder, nie für das Showbusiness.«

Nancy legte eine vorübergehende Pause ein. Augenscheinlich hing sie ihren verlorenen Optionen nach. Nicoles aufforderndem Blick folgend, knüpfte sie desillusioniert an die Ausgangsfrage an.

»Wenn Sie meinen, es mache stolz, mitzuerleben, wie sich die Lebensliebe mehr und mehr von einem zurückzieht, er diese Produzentengattin auf alle Events begleitet und die beiden eng umschlungen von den Bildern in der Societypresse lachen, während man zu Hause sitzt, seine Auftrittskleidung in Schuss hält und darauf wartet, dass er wieder zur Vernunft und ins eigene Bett kommt. ... Pah! ... Ist er dann auch, nachdem der gehörnte Ehemann seiner Angetrauten den Geldhahn zugedreht hat. Macht unheimlich stolz, wenn Manny nach der rasant abgekühlten Zuneigung der Millionärsgattin aus heiterem Himmel mit mir übers Heiraten spricht. Nicht etwa, um mich glücklich zu machen oder weil er mich unsterblich liebt, eher aus Trotz und verletzter Eitelkeit. Es schmeichelt einem ungemein, die Hochzeit mit der heimischen Nummer Eins unter den Rocksängern geheim halten zu müssen. Bei jedem Konzert den Ansturm der Groupies mitzuerleben, als dienstbarer ›Geist‹ im Verborgenen zu wirken, der dem verschwitzten Star das Handtuch reicht, seine Fanbriefe beantwortet und an der Bühnengarderobentür anklopfen muss, um nicht in eine peinliche Szene mit einer Möchtegernsängerin zu platzen, die sich für nichts zu schade ist. Ja, so gesehen habe ich tausendundeinen Grund, stolz zu sein«, schloss Nancy aggressiv.

Sie zuckte resigniert mit den Schultern, wischte verstohlen eine Träne aus dem linken Augenwinkel und versuchte, ihre nervösen Hände ineinander zu verbergen.

»Und Sie haben das still leidend erduldet?«, zeigte sich Nicole, ganz kämpferische Artgenossin, verwundert. »Keine Rachegedanken, keine irgendwie gearteten Revanchegelüste?«

»Natürlich habe ich meiner Eifersucht immer mal freien Lauf gelassen. Man ist ja schließlich nicht nur zum Staranhimmeln und Ertragen von Demütigungen auf der Welt, oder? Hab' ihm zum Beispiel den Zippverschluss seiner schwarzen Lieblingslederhose mit Superkleber verschweißt oder eine halbherzig zugeschraubte Whiskyflasche in seine Kabeltasche gepackt. Das war vielleicht eine Sauerei, aber gerochen hat das Ding monatelang fantastisch.«

Die beiden Frauen blickten einander an.

Die eine jung, dynamisch und wild entschlossen, neuerlich maßgebend zur Auflösung eines Falls beizutragen. Die andere abgeklärt, ausgelaugt und vom Leben gezeichnet. Ein Schmunzeln verbergend, nahm die Beamtin den Gesprächsfaden in aller Sachlichkeit wieder auf.

»Sie wissen, dass Sie uns damit ein erstklassiges Motiv liefern, Mannys Comeback verhindern zu wollen? Nicht zuletzt hat er mit ›Alligators, Snakes And Dragons‹ einen aktuellen Charterfolg, der nicht nur in den Online-Plattformen boomt, sondern auch im Radio rauf und runter rennt. War er vor Kurzem nicht sogar in dieser großen deutschen TV-Ratesendung am Samstagabend als Stargast geladen?«

Nicole hatte irgendetwas von einem Mini-Eklat bei der Live-Performance gelesen. Manny war über eine Frage des Moderators zu seinem jahrelangen Karrieretief so erzürnt gewesen, dass er den zweiten Song mit Rücken zum Publikum »präsentiert« und danach ohne eine Geste der Verabschiedung das Feld geräumt hatte. Das tat seiner Beliebtheit bei den Fans keinen Abbruch. Im Gegenteil – das Image des Enfant terrible wurde durch solche Aktionen gewaltig gesteigert.

»Wenn man weiß, dass diese neue Produktion nicht seiner Feder entsprungen ist, sondern der eines kanadischstämmigen Nachwuchsmusikers, dem Manny den Titel für ›einen Apfel und ein Ei‹ abgekauft hat, liest sich die Hitstory schon ein wenig anders.«

Nicole wurde hellhörig.

»Ich würde zu gern den Namen des jungen Talents wissen, der muss ja einen ordentlichen Zorn auf Ihren Mann haben! Und somit ebenfalls ein treffliches Motiv, ihm schaden zu wollen.«

Nancy gab das Gewünschte zu Protokoll. Dann griff die Polizistin nochmals die Verdachtsmomente gegen Mannys Ehefrau auf. Diese versuchte auch gar nicht, ihre Gefühle zu verbergen.

»Wäre das Mordopfer mein Ehemann, nicht unser Bühnentechniker gewesen, würden wir die Jahre 1982 bis 1985 schreiben und wäre die Mordwaffe ein Glasaschenbecher, eine Schere oder ein Zierkissen, gäbe ich Ihnen vollkommen recht. Denn erschlagen, erstochen oder erstickt habe ich Manny in seinen Glanzzeiten bereits mehrmals. In Tagträumen, fiktiv wohlgemerkt. Tatsächlich bin ich nie weiter gegangen, als ihm Abführmittel in seine Propolistropfen, die er vor dem Konzert nimmt, zu mischen, damit er in der Pause auf dem Klo und nicht mit den Blusenknöpfen eines weiblichen Fans beschäftigt ist. Mittlerweile bin ich derart abgestumpft, dass mich Vergangenes nicht übermäßig tangiert. Da regen mich eine ungünstige Wettervorhersage, mein hoher Blutdruck oder der Preisanstieg bei Autogrammkarten stärker auf. Sie sehen ja selbst, wie Manny sich geändert hat. Kein Alkohol, ein geregeltes Einkommen durch seinen Pensionsantritt, eine gegenseitige Lebensversicherung. Die ist, bevor Sie sich in absurde Gedanken verstricken, wahrhaftig kein Motiv für mich – was täte ich ohne ihn? Er ist mein Leben. Und in den letzten, ruhigeren Jahren konnte ich feststellen, wie viel auch ich ihm bedeute. Endlich hat er erkannt, was er an mir hat.«

Die Tränen ließen sich nun nicht mehr aufhalten. Sie kullerten über Nancys runde Backen und verschwanden in den Falten ihres Dreifachkinns.

»Heute kommen sie gut miteinander aus? Wollen Sie mir das damit sagen?«, hakte Nicole nach.

Ihr fiel ein, wie Manny seine Frau vor versammelter Mannschaft wegen der fehlenden Plakate angeschnauzt und sie ihn fuchtig angeblitzt hatte.

»Gewiss, gewiss. Darf nur keiner erfahren, dass der Rockhero zu Hause am liebsten in seinen Hauspatschen am PC sitzt und sich mit Solitaire vergnügt, seit langem keinen kreativen Einfall hatte und abends brav seinen Kamillenschlaftee trinkt. Die Welt abseits der großen Showbühne sieht eben gänzlich anders aus.«

Diese Vermutung hatte sich bei Nicole ebenfalls eingenistet. Trotzdem hielt sich der Eindruck, Nancy ziehe die häusliche Zweisamkeit dem Trubel um ein Revival vor. Womöglich befürchtete sie, Manny würde sein altes Tour- und Partylöwenleben wieder aufnehmen? Bei wachsendem Erfolg nach einer gewiefteren PR-Lady Ausschau halten und seine bessere Hälfte erneut in die zweite Reihe stellen?

Darauf angesprochen reagierte die Befragte auffällig freimütig: »Hätte ich das technische Know-how, ich hätte liebend gern die Anlage sabotiert, um das Konzert und ein Comeback zu verhindern. Um unserer Gemeinsamkeit willen. Aber ein Menschenleben hätte ich dabei nicht aufs Spiel gesetzt, am wenigsten das von Eric!«

Ihr Tonfall bekam einen brüchigen, zugleich zärtlichen Klang, Nicole nahm die Fährte auf.

»War Herr Brunner für Sie demnach mehr als nur ein Teamkollege Ihres Mannes, Frau Nemcová?«

Nancy rutschte unruhig auf ihrem Sessel hin und her. Es war unverkennbar, wie sie mit sich rang, weitere Details aus ihrem Privatleben preiszugeben. Letzten Endes siegte die Erleichterung, sich einer einfühlsamen Seele anvertrauen zu können. Selbst, wenn es »nur« eine Polizistin war.

»Wir hatten beide unsere Träume vom großen Durchbruch damals Ende der 70er-Jahre«, holte die frühere Sängerin aus. »Eric war ein wirklich talentierter Musiker – Sie haben ihn ja gehört. Sogar jetzt, wo er gelegentlich wie ein Gespenst aussah, hatte seine Stimme nichts von ihrem markanten Timbre verloren und seine Finger nichts von ihrer Geläufigkeit und Präzision. Er ist … ach, was red' ich … war ein Ausnahmetalent, leider verkannt, massiv unter seinem Wert geschlagen. Ich erlebte sein Ringen um Anerkennung in der Branche hautnah mit und konnte seine steigende Frustration bestens nachvollziehen. Auch ich hatte mir Sensationelleres ausgemalt. Wenn schon keine Solokarriere, dann zumindest eine geile Zeit als Frontfrau bei ›Black Fire‹. Aber der Herr Bandleader brauchte ja einen Wurschtel im Hintergrund, der ihm die lästige Promotionarbeit abnahm und sich für ihn ins Zeug schmiss, wie es nur eine Liebende tut. Außerdem musste auf der Bühne und den Plattencovers ein Vorzeigepupperl her, das zwar nicht mein Stimmvolumen, dafür eine schmalere Taille und üppigere Oberweite hatte. Sobald Manny dann etwas mit dieser Plattenbosstante anfing, die mit dem Geld ihres Mannes seinen Aufstieg förderte, war ich bitter enttäuscht von ihm. Und ein willkommenes Opfer für starke Arme, die mich trösteten. Ich war immerhin seinerzeit eine attraktive, schlanke, erotische Frau.«

Nancy schaltete eine neuerliche Gedankenpause ein. Sie schien weit in die Vergangenheit zu driften, schloss sogar für einige Sekunden die Augenlider und genoss die Reminiszenzen an die Jahre, in denen sie sich begehrt gefühlt und gedacht hatte, die ganze Welt stünde ihr offen.

Das bot Nicole die Möglichkeit, ihr Gegenüber näher zu mustern. Frau Nemcová war auch im Alter nicht unhübsch, allerdings merklich vom unsteten Leben als Musikerin und Begleiterin eines Rockhelden gezeichnet. Selbst die für ein Tages-Make-up reichlich aufgetragene Schminke konnte Nancys Tränensäcke, ihre grobporige Haut und die tiefen Raucherfältchen um die Lippen nur mäßig kaschieren. Der jungen Beamtin mit wenig Sinn für künstliche Schönheit drängte sich der Vergleich vom Verfall einer stolzen Burg in eine um Ansehen bemühte Ruine auf.

Das Rattern eines vorbeifahrenden, schweren Lastfahrzeugs holte die beiden unversehens in die Gegenwart und raue Wirklichkeit zurück.

Nicoles Zeugin gab sich einen Ruck und fuhr fort: »Eric hatte das gewisse Etwas, war stets in unserem Umfeld, sodass wir oft telefonieren und zusammen sein konnten, ohne großartig Verdacht zu erregen. Unser Verhältnis begann Monate nach der Liaison meines jetzigen Mannes und dauerte ungefähr zwei Jahre. Dann kam Manny angeschlagen zu mir zurück und begann überstürzt von Heirat zu reden. Klarerweise war das für mich der Schlusspunkt meiner heimlichen Beziehung. Eric hat es hart getroffen. Sichtlich hatte er sich mehr, unter Umständen eine gemeinsame Zukunft erhofft. Parallel dazu wurden seine musikalischen Projekte von den Plattenfirmen durchwegs abgelehnt. Er zog sich zurück und begann seinen zerstörerischen Trip mit Alkohol und Drogen. Ich hätte es mitkriegen und ihn davon abbringen müssen, doch ich war zu sehr mit mir, den heimlichen Hochzeitsvorbereitungen und der Unterstützung von Mannys Aufschwung beschäftigt. Dass Eric einer unserer Trauzeugen mit Verschwiegenheitsgelübde war, hat die Sache zusätzlich belastet. Für mich und ihn. Auf der anderen Seite konnten wir uns nicht gut outen, und auf seine Loyalität war tausend Prozent Verlass. Sie sehen, ich hatte keinen Grund, ihm zu schaden. Im Gegenteil, ich bin bestürzt, unfassbar traurig über seinen Tod und habe enorme Schuldgefühle, in welcher Weise ich sein Leben beeinflusst habe.«

Ja, das Temp'rament

Die frühnachmittägliche Teambesprechung begann mit einer haarsträubenden Wortmeldung des zitatgewaltigen Neuzugangs.

»Also, ich lege jetzt mal drei gewagte Theorien auf den Tisch: Entweder dieser Brunner hat auf spektakuläre Art Selbstmord verübt. Oder er wurde Opfer eines Auftragskillers, weil er horrende Außenstände bei einem Kredithai der übelsten Sorte hatte. Oder er gehörte einem Verbrechersyndikat an, deren Mitglieder von einer rivalisierenden Gang einer nach dem anderen umgebracht werden.«

Wie bitte? Welche Mord- und Crime-Serien zog Mike sich da offenbar im Übermaß rein? Eckenspergers Antwort ließ nicht lange auf sich warten und entsprach exakt seinem derzeitigen, leicht gemäßigten, dennoch unverkennbaren Stil: »Ihre Annahmen sind nicht gewagt, die sind kläglich. Abstrus. Daher runter vom Tisch damit. Apropos Tisch: Was genau hat man Ihnen ins Mittagessen gemischt?«

Auch Nicole konnte sich eine spitze Äußerung nicht verkneifen: »Am Ende sind es immer ganz simple Motive, die in unseren Breiten zu Anschlägen führen. Höchstwahrscheinlich hat er einfach nur Stuss gelabert und ist seiner Kollegin dadurch mächtig auf die Nerven gegangen.«

Seiler grinste. In seinen Augen manövrierte sich sein Vorgänger auf der Beliebtheitsskala ungebremst Tendenz Null und tiefer. Konnte ihm nur recht sein. Früher hätte Eckensperger ihn garantiert gefragt: »Sagen Sie, nehmen Sie irgendwo Vollidioten-Nachhilfe?«

Der schien allerdings in Gedanken versunken, sodass Nicole abermals das Wort ergriff: »Wo wir grad bei weit hergeholten Thesen sind, lege ich gleich eine dazu und hole mir meine verbale ›Streicheleinheit‹ mit ab. Nichtsdestotrotz, nur kurz angenommen: Was, wenn gar nicht Eric das eigentliche Opfer wäre, sondern der Anschlag Manny gegolten hat? Immerhin war es *sein* Mikroständer, *sein* ›Vintage-Röhren-Kistl‹ und nur *seiner* Faulheit zuzuschreiben, dass der Bühnentechniker den Soundcheck für ihn durchführte.«

»Ausgezeichnet, Frau Kollegin«, verkündete der Hauptkommissar ohne jedweden zynischen Unterton. »Keine schlechte Idee!«

Bevor Nicole sich richtig freuen konnte, ergänzte er: »Wissen Sie, warum ich das weiß? Weil ich das selbst seit geraumer Zeit erwäge.«

Einem langjährigen Chefermittler konnte man so schnell kein X für ein U vormachen. Zwei relativ unerfahrenen Hitzköpfen, die »am Nebenschauplatz« mit dem Kampf um ihre Vormachtstellung beschäftigt waren, schon eher. »Einfach-Mike« und Sebastian sahen einander verblüfft an.

Auf Eckenspergers Tastendruck spuckte der Printer bedächtig einige Bogen Papier aus, die der Kommissar eilends studierte.

»Lasst uns die Spekulationen mal durch Tatsachen verwirren. Soeben sind erste Detailergebnisse der Spurensicherung eingetroffen. Die Auswertung der Fingerabdrücke ist – wie zu erwarten – wenig berauschend. Jene des Opfers sind auf dem Effektgerät überproportional vertreten, dazu etliche von Karin Aschauer, einzelne von Luuk und Manny sowie ein paar nicht zuordenbare. Diese sind jedoch von aktuelleren überlagert und daher zu vernachlässigen. Oh, das ist ja interessant: Auf dem Bühnenboden rund um das Mikrofonstativ ist Wasser in kleinen Mengen gefunden worden. Das wird Gegenstand weiterer Erhebungen sein. Unabhängig davon fanden sich Spuren einer Modifikation an Mannys E-Gitarre. Wie bei den alten Single-Coil-Tonabnehmern einer Stratocaster üblich (handschriftliche Notiz am Seitenrand des Schreibens: *die in direkter Nähe von Verstärkern brummten wie Sau*), verband eine Drahtbrücke den metallenen Gitarresteg intern mit der Masse. In der unglücklichen Kombination mit einem defekten Ground-Switch des Röhrengeräts wäre damit das Instrument voll unter Strom gestanden.«

»Versteht das auch einer, der kein Skript für E-Gitarrenbau und Elektronikanlagen inhaliert hat?«, merkte Sebastian spitz an. »Manchmal lassen die Spurenheinis ihr angelesenes Wissen echt mega raushängen.«

Insider wussten: Es waren einige Gitarreros in der Vergangenheit einen ähnlichen Heldentod gestorben, nicht nur im strömenden Regen bei einer Freiluftveranstaltung ohne Überdachung.

Entweder war das Ganze ein aberwitziger, stromtechnischer Zufall oder jemand wollte durch Basteleien an Gitarre und Verstärker auf Nummer Sicher gehen. Leider klärten die Erkenntnisse der KTU keineswegs, ob es ein Anschlag war und wenn ja, wem dieser galt. Eric pflegte beim Soundcheck ausgiebig zu solieren, bis die Einstellungen seinen Ansprüchen genügten, der Bandleader hingegen hatte dezidiert seine Probe verweigert. Ein Zeichen seiner Schuld? Andererseits hatte

Eric Mannys Gitarrenamp noch nicht eingeschaltet. Dusel oder Strategie?

Auf den bearbeiteten Teilen im Instrument waren keine verwertbaren Spuren gefunden worden. Eine mögliche Tat verlangte laut Ansicht der Sachverständigen angemessenes Insider-Know-how.

»Somit könnte es sich bei unserem aktuellen Erkenntnisstand nach wie vor um einen Unfall handeln, bei dem zusätzlich zu prüfen wäre, woher das Wasser auf der Bühne stammt. Die Kombination der präparierten Gitarre mit diesem Verstärker rechtfertigt freilich weitere Ermittlungen. Haben wir es unter Umständen mit einem Mordversuch zu tun, der einzig aufgrund der Konzertabsage verhindert wurde? So viel zu den Ergebnissen der kriminaltechnischen Abteilung. Seiler, wo ist denn Ihr Bericht von der Durchsuchung?«

»Von der Durchsuchung der kriminaltechnischen Abteilung?«

»Nein, von der Wohnung des Toten, Sie Intelligenzverweigerer. Wegen sowas wie Ihnen braucht es Warnhinweise auf jedem Alltagsgegenstand!«

Zu Sebastians Rettung lag der gewünschte Report sowohl ausgedruckt als auch im digitalen Akt vor.

Der junge Beamte fasste kurz und blumig zusammen: »Keine Ahnung, ob da schon jemand vor mir gewühlt hat, es schaute zumindest aus wie nach einem Hunneneinfall. Völlig unklar, ob etwas entwendet wurde. Die knapp 40 Quadratmeter sind vollgestopft mit Saiteninstrumenten, Werkzeug, Ersatzteilen und technischem Krimskrams. Aktuell hatte unser Opfer drei Objekte in Betreuung, die nicht sein Eigentum sein dürften. Das geht aus den Initialen B.B.F. auf einer

Gitarre, einem Aufkleber auf einem Kompaktmischer und einem ›Übernahmebeleg‹ mit Kaffeeflecken für einen E-Bass hervor. In seinem Arbeits- und gleichzeitig Schlafzimmer haben wir Alkoholvorräte, Aufputschpräparate, starke Beruhigungsmittel, eine geringe Menge Koks und eine Kiste Radler gefunden.«

»Wahnsinn! Was zur Hölle will er mit einer Kiste Radler?«, fiel Mauser aus allen Wolken.

»Summa summarum eine gefährliche Mischung. Außerdem Marihuana abgepackt und drei Pflänzchen im Kabinett mit Spezialbeleuchtung. Die Drogen habe ich beschlagnahmt und in der Asservatenkammer deponiert. Kaum Bargeld, keine Sparbücher oder Wertsachen, auch keine Schuldscheine, kein Safe. Einfach ein immenser Saustall – sein Gewand verstreut, der Kleiderkasten dagegen angefüllt mit CDs, Kabeln, elektronischen Kleinteilen, durchwegs unsortiert, mindestens fünf benutzte Kaffeebecher, zu Aschenbechern zweckentfremdet, eine randvolle, schmutzige Spüle, Stapeln von Fachzeitschriften zurückreichend bis ins Jahre Schnee. Vielleicht findet ja unsere ›Overall-Brigade‹ darüber hinaus was von Relevanz. Ich würde dort ebenfalls nur mehr mit Schutzanzug hineingehen.«

Ähnliches galt für die Auswertung des Handys, das Eric bei sich gehabt hatte: Starke Gebrauchsspuren, klebrig, verschmiert, »versifft« – wie Mike lästerte – und eine Kontaktliste, die sich wie das »Who is who« der nationalen Musikszene las. Unter den Sprach- und Textnachrichten fanden sich weder Drohungen noch Erpressungen, lediglich eine erzürnte Meldung eines bekannten Bluesbassisten.

»Du hast bereits einen ordentlichen Vorschuss auf die Reparatur meines Babys erhalten, wann bekomme ich meinen originalen Fender Jazz Bass? Am Samstag spiele ich im ›Triolenkeller‹, um spätestens 18:00 Uhr bringst du ihn dorthin! Verstanden?«

Neben seinem Handy waren in Erics Hosentasche eine flache Blechdose Shagtabak für Selbstgedrehte, Zigarettenpapier, jedoch keine Filter, eine frisch angebrochene Schachtel hochdosierter Schmerztabletten und ein buddhistisches Amulett an einer Silberkette mit defektem Verschluss sichergestellt worden.

»Die Bedeutung des Anhängers kenne ich. Es zeigt das Symbol der fünf Segen. Die bringen Glück, Gesundheit, Frieden, Reichtum und ein langes Leben«, erläuterte Nicole.

»Ich würde das Geld zurückverlangen«, bilanzierte Eckensperger trocken.

Nicole warf ihrem Chef einen missbilligenden Blick zu, bevor sie sich von neuem auf den Fall konzentrierte.

»Ich habe da eine Idee, wer ihm den Schmuck geschenkt haben könnte«, sagte sie, »und frage gern nach.«

»Kann genauso gut ein Erbstück oder ein Reisesouvenir sein«, monierte Eckensperger widerspenstig.

»Eher nicht! Dann hätte Eric es mit Bestimmtheit schon zu Geld gemacht. Es ist ein seltenes Exemplar und locker an die dreihundert Euro wert.«

Ergänzend berichtete die einfühlsame Beamtin von ihrem Gespräch mit Nancy, das sie noch nicht in den Computer tippen hatte können.

»Wieder einmal so eine verfluchte Dreiecksgeschichte, sehr originell«, maulte der Hauptkommissar.

»In dem Milieu müssen wir froh sein, dass es nur drei sind und wir keine Oktaedergeschichte vor uns haben«, feixte Seiler. »Außerdem liegt das Ganze nun doch etwa vier Jahrzehnte zurück.«

»Kalte Liebe rostet nicht«, verunstaltete Mike erneut ein unschuldiges Sprichwort.

Die anderen drei schüttelten ungläubig den Kopf, was Michael Mauser falsch interpretierte.

»Hey, so abwegig ist das nicht, der Musiker mit dem schwarzen Schleif- und Schleppmantel meinte vorhin das Gleiche.«

»Habt ihr mitgekriegt, wie verärgert Eric auf der Bühne war, weil Manny nicht zum Soundcheck hinauf wollte?«, warf Nicole ein.

Prompt erhielt sie Unterstützung von Sebastian: »Und ob! Gegen den Frontman Mordmotive zu sammeln, fiele uns entschieden leichter.«

»Leute, so kommen wir nicht weiter«, mahnte Eckensperger. »Was liegt über Manny vor, das ihn als Mordopfer ›auszeichnen‹ könnte? Ich will von jedem einen sinnvollen Vorschlag hören, bevor wir Eric als Zielperson hintanstellen, ist das klar?«

Michael Mauser spielte auf Mannys Doppelmoral an, die ihm ehrlos vorkam. Gin predigen und Wasser trinken, sich als Rockidol feiern lassen und keine Lust auf eine solide Technikprobe haben, auf wilden Mann machen und verheiratet sein.

»Sie haben jetzt aber nicht vor, zig enttäuschte weibliche Fans auszuforschen und die zu verhören oder zu trösten?«, wollte der Abteilungsleiter wissen.

Mikes Gesichtsausdruck war anzusehen, er hätte exakt das gern getan.

»Wer weiß, was es mit den Groupies überhaupt auf sich hat«, wandte sein Kontrahent in der Abteilung ein. »Einer, der Wasser trinkt, um die Leber zu überraschen, bevorzugt womöglich Aufblaspuppen. Alles Tarnung und Täuschung.«

Hingegen wäre Mannys ruppige Art gepaart mit Unzuverlässigkeit und Bequemlichkeit Sebastians Auffassung nach durchaus ein Motiv. Seinen Bandkollegen könnte dieses Verhalten gehörig gegen den Strich gegangen sein. Das angestrebte Comeback war ohne Professionalität und konsequenten Einsatz in der heutigen Musikbusinesswelt kaum zu erreichen. Und eine willige, spendable Millionärsgattin würde sich der Frontman in seinem heutigen Zustand wohl auch nicht so leicht finden.

Nicole griff das Frauenthema auf und gab zu bedenken, wie wenig Nancy eine Neubelebung von Mannys Karriere goutierte. Nach Superkleber auf Bühnenkleidung und Abführmittel in Halstropfen könnte sie zu drastischeren Maßnahmen gegriffen haben, um ein Wiedererlangen seines früheren Bekanntheitsgrads zu verhindern. Zugang zur Gitarre ihres Mannes hatte sie neben den Roadies am ehesten gehabt, und dem unbedarften Eric hätte sie den einen oder anderen Hinweis zur elektrotechnischen Manipulation herauslocken können.

Noch bevor sich Eckensperger zu den drei Vorschlägen äußern konnte, pochte es zaghaft an der Tür. Die Praktikantin Hofstädter scheute sich, in eine Teambesprechung zu platzen, jedoch war ihre Mitteilung von immenser Wichtigkeit. So weit reichten ihre Einblicke.

Also versuchte sie, die ihr eigene Unterwürfigkeit in ein devotes Klopfen zu legen.

»Herein«, drang es unwirsch durch die Tür an ihr Ohr. »Ich gehe davon aus, es ist wichtig. Oder kommt ›Trinken auf Rädern‹ mit Seilers Nachmittagsdurchhaltecappuccino?«

Dem war nicht so. Die Nachricht der Sekretariatshilfe traf alle Anwesenden wie ein Hammerschlag. Der degradierte Polizeichef sollte in Kürze ihre Einheit verstärken.

Sebastian fand als Erster seine Sprache wieder: »Ach du liebe Scheiße!«

»Überaus treffend formuliert, Seiler!«

»Danke, Boss! Und ich dachte, *er* wird für seine Verfehlungen bestraft, nicht wir!«

Eckenspergers linker kleiner Finger begann heftig zu zucken. Völlig ineffektiv, denn diese unwillkürliche Vorwarnung hätte es diesmal nicht im Geringsten gebraucht. Dass es mit seinem Ausbildungskumpel, der vor dessen beruflichem Absturz rasant die Erfolgsleiter hinaufgestürmt war, Ungemach geben würde, hätte er auch ohne neurologische Anzeichen gewusst.

»Sie mit Ihren Wünschen nach zusätzlichen Kräften in unserer Abteilung«, murrte der Kommissionsleiter in Richtung Nicole, die sich diese Anschuldigung nicht umhängen lassen wollte und daher entrüstet den Kopf schüttelte.

»Bestimmt denkt unser Innenminister, Sie wären der Einzige, der ihm Paroli bieten kann«, meinte sie sachlich.

Unsanft wurde Sabine Hofstädter zur Seite geschoben.

Der Angekündigte betrat den Raum. Mit unangemessen triumphaler Miene, wie der Kommissar missgelaunt feststellte. Ihm war klar, sein schleimiger Vorgesetzter hatte mit Gewissheit ein Ass im Ärmel. Vermutlich in Form eines Verbündeten im Ministerium, der ihm noch einen Gefallen schuldete. In eine althergebrachte Mordermittlungsabteilung mit veralteten Computern, lahmen Druckern und Fenstern in den Innenhof würde er sich weiß Gott nicht zahm und duldsam einfügen. Was wohl die mondäne Frau des Ex-Polizeidirektors zu seiner Deklassierung sagte? Seit ihrer Bekanntschaft und alsbaldigen Verehelichung mit Reinhard hatte sie sich an Luxus gewöhnt. Zwar war Zsófia unter ärmlichsten Bedingungen in einem tristen ungarischen Dorf nahe der Grenze zur Ukraine aufgewachsen, doch hatte sie recht schnell gelernt, ihr Äußeres vorteilsbringend einzusetzen. Eine Abstufung ihres Gatten in die niederen Beamtendienste mit der damit verbundenen, einschneidenden Gehaltseinbuße widersprach hundertprozentig dem Lebensplan der ehrgeizigen Trittbrettfahrerin.

Eckensperger bedachte den früheren Polizeipräsidenten mit einem Blick, der keine Zweifel offenließ und in etwa bedeutete: »Das ist MEIN Revier, das sind MEINE Mitarbeiter, das ist MEINE Aufgabe.« Gerade, dass er nicht die Zähne fletschte und sich im Hals seines Widersachers verbiss. Seinen Unmut bekam stellvertretend der nigelnagelneue Bleistift, den Frau Hofstädter morgens auf seinem Schreibtisch deponiert hatte, zu spüren. Knirschend schnappte der Hauptkommissar am oberen Ende zu und spuckte postwendend ein paar abgesplitterte Lackfuzzelchen auf den Boden. Der ungebetene An- und Emporkömmling ließ sich davon in keiner Weise beeindrucken, schürzte seine Lippen, hob verächtlich die Achseln und säuselte: »Nun, will mir keiner meinen Arbeitsplatz zeigen und mich in die aktuellen Fälle einweihen?«

»Nun, will sich der Neue im Team nicht zuerst vorstellen?«, parierte der Kommissar. »Aber wahrscheinlich obliegt das mir als Abteilungsleiter. Darf ich daher bekannt machen – Reinhard Schaller, ehemaliger Polizeidirektor. Und hier Ihre Kollegin Nicole Sedlacek sowie die Kollegen Sebastian Seiler und Michael Mauser.«

Nicole rechnete ihrem Chef das »in« in der Bezeichnung »Kolleg*in*« hoch an, sie hatte auch die minimal süffisante Betonung »ehemaliger« vor »Polizeidirektor« vernommen. Entgangen war ihr das unhörbar eingeflochtene »vulgo Schweindi« danach. Dieser unschöne »Spitzname« begleitete den früheren, höchsten Sicherheitsbeamten des Landes seit der gemeinsamen Ausbildungszeit mit Gernot Eckensperger, in der Reinhard Kolleginnen auf seinem Durchmarsch an die Spitze schamlos ausgenützt und nach Erreichen des Gewünschten kurzerhand wieder abserviert hatte.

»Schön langsam wird es eng in unserer Stube«, fuhr der Hauptkommissar fort. »Reinhard, hol dir zunächst einen Besucherstuhl aus dem Vorzimmer und lass dir von Frau Hofstädter einen Antrag auf Drehsessel, PC und Schreibtischlampe ausstellen. Mauser, Sie machen Kollegen Schaller mit dem soeben besprochenen Fall vertraut. Seiler, Sie Nachwuchsliterat, fassen unsere Besprechung zusammen und Sie, Frau Sedlacek, kümmern sich um die Erlaubnis für ein Zweiergespann der Spurenbrigade, die Brunners Rumpelkammer durchforstet. Wonach die Ausschau halten sollen, ist Ihnen klar? … Fein! Zuvor bestellen Sie mir nochmals den Herrn Polatschek, seines Zeichens Soundgenie, ein. Gleich ins Vernehmungszimmer, hier ist kein freier Platz mehr für ihn. Und danach wird es Zeit für eine Verschriftlichung Ihres Gesprächs mit der Promotiontante für unseren Akt.«

Der Kommissar schlug trotz oder ausgerechnet wegen des prominenten Mitarbeiters keinen anderen Umgangston an. So viele Schreibgeräte gab es in seiner Umgebung gar nicht, um jede spitze Bemerkung hinunterzuschlucken und stattdessen sein »Knabberzeug« zu malträtieren. Und sich zu verbiegen, lag ihm nun einmal nicht.

Reinhard Schaller hatte sich bestimmt innerlich Notizen für die Beschwerdestelle oder seine Befürworter gemacht. Ohne Grußfloskel, Handschlag oder ein persönliches Wort machte er auf dem Absatz kehrt und zog die Tür unsanft hinter sich zu, was Nicole lakonisch mit »Er ist nicht gegangen, um fortzubleiben. Das wird definitiv ein Nachspiel haben.« kommentierte.

»Ein sportliches oder musikalisches?«, frotzelte Sebastian.

»Egal, mir war noch nie nach Spiel zumute, sondern stets nach knochenharten Maßnahmen«, knurrte Eckensperger. »Übrigens ›Knochen‹, ich bin auf einen Sprung bei Doktor Weißenthal in der Pathologie.«

Den 40%igen »Nussernen« aus dem Kühlfach brauchte er jetzt dringend.

So ein Mann ist eine Sünde Wert

Nicole hasste Alleingänge.

Nicht, weil sie Eigenverantwortung oder brenzlige Situationen scheute. Das Gegenteil hatte sie bei zahlreichen Einsätzen und nicht zuletzt in der gestrigen Fallübung bewiesen. Aber sie war nun mal eine ausgesprochene Teamplayerin, der Heimlichkeiten widerstrebten. Andererseits wollte sie ihren Chef mit einem möglicherweise sinnlosen Verdacht nicht von seinem geradlinigen Vorgehen abbringen. Eckensperger bevorzugte, wie sie wusste, die Direttissima bei der Lösung eines anstehenden Problems und überließ seinen Mitarbeitern (und seiner Mitarbeiterin!), das langwierige Abklappern von Nebenfährten.

Das würde sie respektieren, ohne sich von dem Brummbären ein neuerliches, missmutiges »Natürlich verfolgen wir alle Spuren, in jede Sackgasse müssen wir trotzdem nicht hineinstolpern« einzufangen.

Die ihr aufgetragenen zwei kleinen Aufgaben hatte Nicole im Nu erledigt.

Ein Minitrupp der Spurensicherung war unterwegs zu Erics Behausung, Jack, der Tontechniker, verständigt und vorgeladen.

»Ich weiß zwar nicht, was das soll«, hatte der ins Telefon gemault. »Im Grunde jedoch ist mir ziemlich egal, wo ich meine Zeit absitze, seit das Konzert abgesagt ist. Obwohl das mit dem Kaffeeservice bei Ihnen im Kommissariat exorbitant verbesserungswürdig ist.«

Sollte womöglich witzig sein? Ungeachtet ihrer Empörung hatte sich die erfahrene Polizistin zu keiner Antwort, lediglich einem knappen »Danke!« hinreißen lassen und grimmig den »Ende«-Button auf ihrem Diensthandy gedrückt.

Die Verschriftlichung von Nancys Befragung durfte getrost ein Weilchen aufgeschoben werden. Wenn sämtliche Stricke rissen, könnte sie das später zu Hause erledigen.

Zumindest mit den beiden Abteilungsgefährten wollte sich die Beamtin mit dem Gespür für emotionale Reaktionen vor ihrer geplanten Soloermittlung sicherheitshalber austauschen, von ihrem Vorhaben würde sie selbst bei negativer Bewertung nicht leicht abzubringen sein. Deshalb nützte sie die Frist der Dreisamkeit, während der ehemalige Polizeidirektor die bürokratischen Mühlen der Ausstattungsbeschaffung mit Frau Hofstädter durchlief und Eckensperger seinen Frust »hinunterschluckte«. Eine geeignetere Gelegenheit ergab sich so bald bestimmt nicht.

Unterstützung, wenigstens in Form erster Aufmerksamkeit, war ihr gewiss, denn Sebastian ließ sich nur allzu gern von seiner Schreibarbeit ablenken, und »Einfach-Mike« hatte den Druckauftrag für die Unterlagen des Newcomers bereits in Auftrag gegeben. Untätig wartete er, das stoisch ratternde Gerät anstarrend, auf dessen Rückkehr.

»Also, schieß los«, forderte er Nicole auf. »Frisch gekocht ist heiß gegessen.«

Die Angesprochene warf Seiler einen Kopfschüttler zu, ging indes nicht näher auf die eigenwillige Lebensweisheitsverstümmelung des Dritten im Raum ein.

»Ich wollte vorher in unserer Besprechung einen interessanten Gedanken einbringen, bevor wir so unerquicklich unterbrochen wurden. Es gibt da nämlich einen weiteren möglichen Verdächtigen, der nicht auf meiner Liste steht. Dazu habe ich mir einen Satz von Mannys Frau, der PR-Lady, notiert. … Wo steht er schnell …?«

Nicole zückte abermals ihr Diensthandy und scrollte ihre Aufzeichnungen durch.

»Hier – schon gefunden! Nancy meinte, es wäre in der Planungsphase zu einem unschönen Disput zwischen ihr und dem Manager von Jonny Schlager bezüglich der Auftrittstermine gekommen. Ihm wäre Freitag oder Samstag lieber gewesen als der Donnerstag.«

»Und deswegen haben der Manager und sein Schlagerstar versucht, Manny aus dem Weg zu räumen? Aus Neid, weil ihnen einzig und allein der Donnerstagabend blieb, der Hardrock-Kollege hingegen das lukrativere Doppelkonzert zum Wochenendauftakt spielen durfte? Das scheint mir – gelinde gesagt – megaweit hergeholt. Kannst echt froh sein, das nicht im Beisein des Chefs geäußert zu haben. Der hätte dich und deine Ansicht in gepflegte Einzelteile zerlegt. Und noch ein Einwand: Wäre eine Sabotage oder was auch immer im Vorfeld des Open Airs nicht sinnvoller als direkt am Tag des Events gewesen? Das Schlagergespann kann nicht wirklich geglaubt haben, kurzfristig einzuspringen, wo doch die Bühne zu einem Tatort wird?«

Seiler wiegte ungläubig sein rotblondes Haupt.

»Vielleicht war es ein weiblicher Fan, dem Rockmusik prinzipiell ein Horn im Auge ist?«, schlug Mike vor.

Nicole überging den neuerlichen Wortlapsus, konnte sich allerdings ein höhnisches »Genau! Frauen um die

60 mit Vorliebe für Schlager sind technisch besonders firm.« nicht verkneifen.

Sinnierend fuhr sie fort: »So gesehen müssten wir die gesamten Anrainerinnen und Anrainer ebenfalls unter die Lupe nehmen. Ich stelle mir das schrecklich vor, drei Abende intensive Beschallung, der Menschenandrang, keine Parkplätze, Tonnen von Müll …«

»Also, soll ich den Sänger in die Schere nehmen?«, schnitt der Zitatenunhold seiner Kollegin ohne Umschweife das Wort ab.

Schere? Was war das wieder für ein Unsinn.

Seine Wortmeldungen wurden zunehmend skurriler. Woher kam bloß all der Quatsch, den er verzapfte? Wirbelte in seinem Lautbildungsareal ein innerer Ventilator sämtliche Buchstaben in einen Strudel, bevor sie seinen Mund verließen? Konnte er sich nicht schlicht und verständlich ausdrücken wie andere auch?

»Das wirst du schön bleiben lassen. Es war meine Idee, und die ziehe ich jetzt durch. Dir könnte ein Besuch in unserer Bibliothek nicht schaden. Knöpf dir beizeiten den schmalen Band ›Alltagstaugliche Redewendungen für kleine Polizisten‹ vor.«

Während Nicole mit zugegeben klopfendem Herzen wegen ihrer Eigeninitiative das vornehme Hotel betrat und sich nach dem hier abgestiegenen Schlagerstar erkundigte (eine Auskunft, die ihr nur widerwillig nach Vorzeigen ihres Dienstausweises und sanfter Androhung einer Beamtenbehinderungsanzeige erteilt wurde), kehrte Eckensperger besänftigt von seinen »Nusstropfen« (der erste Alkohol während der Arbeit seit dem Fall mit einer Kindesentführung vor fünf Jahren) ins Büro zurück.

»Nanu«, wunderte er sich, »wo steckt denn meine tüchtigste Mitarbeiterin?«

»Auf der Toilette«, antworteten Sebastian und Mike unisono und nickten sich angesichts ihrer genialen Übereinstimmung ungewohnt verschwörerisch zu.

Der Abteilungsleiter murmelte beiläufig »Ach so!«, packte seine Unterlagen, den unvermeidlichen Schreibblock inklusive geplagtem Bleistift und gab »zwischen Tür und Angel«, damit es sein Neuzugang im Nebenraum deutlich mithören konnte, weitere Anweisungen: »Dann wandere ich schon mal ins Vernehmungszimmer voraus. Seiler, Sie servieren mir den ›Übersteuerungs-Ingenieur‹, sobald er hier antanzt. Mike, Sie durchleuchten den Bandleader Manny auf ›alte Sünden‹, aus denen wir mögliche Beweggründe für einen Anschlag auf ihn ableiten könnten. Nicole wird hoffentlich in absehbarer Zeit auftauchen, sie soll diese Karin nochmals aushorchen, vielleicht ist die werte Dame im Wiederholungsfalle ja gesprächiger. Das Protokoll zum Nancy-Interview kann warten. Und du, Reinhard, wenn du deine Ausstattung beisammen hast und in groben Zügen in die Materie eingeführt wurdest, setzt dich hinter die verspiegelte Scheibe und beobachtest meine Zeugenbefragung. Danach will ich wissen, was du von dem Typ hältst. Ein Motiv hat er, die Mittel hat er. Fehlt eigentlich nur die Gelegenheit. Die müssen wir ihm erst nachweisen. Bisher liegen uns keine Aussagen zu seiner Anwesenheit auf der Bühne oder in der Nähe des Tourbusses am Nachmittag des Soundchecks vor.«

Auf das energische »Herein« nach ihrem Klopfen, betrat Nicole die geräumige Suite. Und war verwundert über ihr Gegenüber. Infolge der weichgezeichneten Plakate hatte sie sich einen gelangweilten, aufgeblasenen Softie in weißem Bademantel erwartet.

Vor ihr saß ein ausgeglichen wirkender, durch und durch sportlicher Mittvierziger in einem dunkelblauen Trainingsanzug mit maskulinen Gesichtszügen, einem Dreitagebart und feucht-gelocktem Haar. Der kräftige Händedruck imponierte ihr ebenso wie die freimütige Frage, wie er ihr behilflich sein könne. Insgeheim leistete die Beamtin ihren Vorurteilen Abbitte.

Jonny musterte seine Besucherin lediglich kurz und wandte sich umgehend seiner Beschäftigung zu, die volle Konzentration verlangte. Unmittelbar vor ihm auf dem Tisch lagen ein Kabel, ein Seitenschneider und ein XLR-Stecker sowie mit etwas Abstand eine Rolle Lötzinn. Ein ans Netz angeschlossener Lötkolben steckte in einer metallenen Vorrichtung.

»Technisches Verständnis vorhanden«, notierte Nicole in ihrer mentalen Checkliste, obwohl sie lieber Entlastendes gesammelt hätte.

»Könnten Sie mir bitte diese silberne Drahtrolle rüberreichen? Dort vorne neben der Packung mit den Heftpflastern. Hab' mir grad ordentlich den Zeigefinger verbrannt … danke! Und was verschafft mir das Vergnügen?«

»Lötzinn!«, entfuhr es Nicole.

»Da schau einer an«, reagierte Jonny erstaunt, »eine Frau, die sich mit Fachbegriffen rund um Elektrobasteleien auskennt. Alle Achtung! Auch eine Brandwunde dabei abgekriegt?«

»Nein, die hol' ich mir anderswo ...«

»Wie eine Hobbyköchin sehen Sie gar nicht aus!«

»Eh nicht. Ich wollte sagen, die hol' ich mir beim Abseilen im Kletterpark, wenn sich mein Handschuh ungewollt verabschiedet.«

Nach diesem Vorgeplänkel spulte Nicole ihre einleitende Floskel zur Zeugenvernehmung ab. Sie wollte den unangenehmen Teil des Gesprächs zügig hinter sich bringen.

»Die Nachricht von irgendeinem Anschlag auf dem Gelände hab' ich abends flüchtig mitbekommen, aber mich nicht weiter dafür interessiert. Ist später geworden, und ich bin obendrein ein ausgesprochener Langschläfer. Und nach dem Frühstück harrte dieses Mikrofonkabel, das dringend meine Zuwendung benötigt, statt der Morgenzeitung auf mich. Trotzdem war ich zunächst eine Runde joggen. Die verschwitzten Klamotten liegen dort auf meiner Bühnentasche.«

»Hat Sie beim Laufen jemand gesehen?«, hakte Nicole nach, die Jonnys Aussagen gern auf deren Wahrheitsgehalt abgeklopft und ihn aus der Liste der Verdächtigen entlassen hätte.

»Kaum, ich tu ja mein Möglichstes, um nicht erkannt zu werden«, erklärte der Publikumsliebling heiter. »Außerdem ereignete sich der Vorfall meines Wissens bereits gestern am mittleren Nachmittag. Die sozialen Kanäle waren voll mit dem Knaller und wilden Spekulationen zum Tathergang und Täter. Sogar mein Name wurde des Öfteren genannt.«

So betrachtet hatte sich der Sänger doch für das Geschehene interessiert. Eine verständliche Regung, befand Nicole. Alles andere wäre seltsam, und Jonny hatte das ganz ungezwungen angemerkt. In der nachfolgenden Pause schien dem Künstler ein Licht aufzugehen.

»Ach, jetzt ahne ich, woher der Wind weht! Sie werden diese Andeutungen wohl verfolgen. Gut so, schauen Sie sich meine Sachen ruhig an – rote Kappe, marine Shirt mit seitlichem, weißen Längsstreifen in Kombi mit farblich abgestimmter Bermuda – vielleicht bin ich ja Passanten beim ›Morgen‹sport aufgefallen. Wegen meines perfekten Laufstils natürlich, nicht wegen des Outfits.«

Jonny lachte freimütig, pustete auf die Lötpunkte und fuhr fort: »Zur ungefähren Tatzeit am Freitag hatte ich übrigens ein Meeting mit einem Möbelhausbesitzer, der mich für die Eröffnung einer Filiale im nächsten Jahr buchen will. Er verspätete sich ein bisschen. Anschließend wartete eine Besprechung mit meinem Agenten in diesem Bio-Fleischlos-Schicki-Micki-Restaurant in der Alten Mühle auf mich – musste einige Autogramme geben, und der Lokalbesitzer kam persönlich an unseren Tisch, um nachzufragen, ob wir wunschlos glücklich wären. Können Sie gern überprüfen. Double hab' ich noch keines.«

Ein neuerliches, schalkhaftes Lächeln.

Jonny begutachtete kritisch und nicht restlos zufrieden die ausgebesserte Schadensstelle, suchte danach den Augenkontakt mit der Polizistin und schloss seinen Ausführungen die letzten Hinweise an.

»Im Anschluss gab es gegen 21:30 Uhr ein Treffen mit meiner Fanclubleiterin zur Auswahl der Konzertfotos für die sozialen Medien. Im Erdgeschoß in der Hotellobby. Der Nachtportier hat uns garantiert gesehen.

Unterdessen sitzt allerdings schon wieder eine Dame an seinem Platz.«

Nicole fotografierte das Laufdress und die verspiegelte Sonnenbrille für etwaige Nachforschungen. Das Alibi des Vorabends wirkte lückenlos, für eine eventuell notwendige Bestätigung der Angaben hielt sie die Namen der drei Kontaktpersonen fest. Andererseits könnte eine Elektrofalle lang vor dem Anschlag installiert worden sein. Welches Motiv hätte der Barde indes tatsächlich gehabt? Die Businesswelt der beiden Acts schien keine Berührungspunkte aufzuweisen. Neid, weil er den undankbareren Donnerstagtermin zugewiesen bekommen hatte statt der lukrativeren Freitag- und Samstagabende, war ihrer Einschätzung nach ein wirklich dürftiger Beweggrund. Überdies war seine Veranstaltung laut Presseberichten bestens besucht gewesen. Irgendwie kam sich die ansonsten taffe Kriminalistin mit einem Mal ziemlich deplatziert und verloren in ihrer Rolle vor. Weshalb nicht zu lockerem Smalltalk wechseln?

»Eine abschließende Frage, nur aus persönlicher Neugier …«

»Fragen Sie ruhig. Was liegt an?«

»Nun, Sie haben doch Techniker und Serviceleute. Warum reparieren Sie Ihr Kabel eigenhändig?«

»Weil man, und da werden Sie mir sicher aus eigener Erfahrung zustimmen, sich selbst und seiner Arbeitsleistung am meisten vertrauen kann. Das ist mein Spezialgesangskabel, das greift mir keiner an, genauso wenig wie meine Gitarre«, Jonny deutete mit dem Kopf auf ein Instrumentencase, das platzergreifend auf der gediegenen Couch thronte, »und mein iPad.«

Dieses lag neben seinen Werkzeugen, einem offenen Etui und der Pflasterpackung auf dem Tisch, den weiters lediglich eine leere Kaffeetasse zierte.

Ein Einzelgänger, Tüftler, sorgfältig Arbeitender, Überblick Bewahrender – Eigenschaften, die objektiv betrachtet, den gesuchten Täter auszeichneten, konstatierte Nicole hin- und hergerissen.

»Nebenbei bemerkt hatte ich nicht immer Hilfskräfte zur Unterstützung. In meinen Anfangszeiten stemmte ich alles allein. Ich war, wenn Sie es so wollen, Agenturchef, Grafiker, Tontechniker, Vertriebsleiter, Komponist, Texter, Arrangeur, Sänger und Schofför in einer Person. Erst allmählich konnte ich einzelne Aufgabengebiete auslagern. Verantwortung und Kontrolle abgeben, musste ich Stück für Stück lernen. Es fällt mir nach wie vor schwer.«

Jonny grinste entwaffnend und widmete sich wieder seiner Löttätigkeit zu, in die er umgehend versank.

»Sonst noch was?«, wollte er nach einer Weile wissen. Es klang wie ein leicht ungeduldiger Abschiedswink.

»Im Moment nicht«, beeilte sich Nicole, die Unterredung abzuschließen. »Wir klopfen Ihr gestriges Alibi ab und melden uns, falls zusätzliche Fragen auftreten.«

Jonny schaute nicht mehr auf.

Das ist der Zauber der Montur

Es bereitete dem pfiffigen Beamten Sebastian Seiler außerordentliche Genugtuung, den nochmals vorgeladenen Dietmar Polatschek mit den Worten »Sehen Sie, Versprechen eingelöst – der Herr Abteilungsleiter kann es gar nicht erwarten, Ihnen auf den Zahn zu fühlen« zu begrüßen und ins Verhörzimmer zu geleiten.

Eckensperger fackelte auch nicht lange und kam unverzüglich zur Sache.

»Das Anschlagsopfer hatte gemäß unseren Recherchen erhebliche Spielschulden bei Ihnen? Und keine Absicht beziehungsweise Möglichkeiten, diese in angemessenem Zeitraum zurückzuzahlen? Sie haben deswegen kontinuierlich gedroht, ihn ›fertigzumachen‹, wenn er nicht auf der Stelle ›die Kohle rüberschiebt‹?«

Die letzten beiden Auskünfte hatte der Ermittler bei seiner Befragung mit Lenny notiert und dem korpulenten Toningenieur von seinem Block vorgelesen.

»Nun, ich muss schon … echt jetzt. Was soll ich … ? Wer behauptet sowas …?«, stammelte Jack.

»Sie sind kein Freund von ganzen Sätzen, nicht wahr?«

Während sein Zeuge ein zusammenhängendes Wortgebilde zu formulieren versuchte, sinnierte der Kommissar über Geständnisse in Krimiserien des Vorabendprogramms.

Welche Trotteln schrieben eigentlich solche Drehbücher? Die waren ja von der Realität weiter entrückt als jeder neu entdeckte Gammastrahlenausbruch, der um den Rang des am entferntesten Objekts im Universum wetteiferte, von der Erde.

Und das unbedarfte Publikum glaubte wirklich, es wäre kinderleicht, Verbrecher dazu zu bewegen, exakt 45 Minuten nach Filmbeginn einzuknicken und reumütig ein Schuldgeständnis abzulegen? Ohne irgendgearteten Druck, bei dürftiger Beweislage und durchschaubaren Finten der Kommissare obendrein? Lachhaft war das, irrational und in höchstem Maße peinlich.

Im harten Polizeialltag hatte er es mit schweigsamen, geradezu verstockten, von Anwälten bestens gebrieften und gewitzten Tätern zu tun, die mir nichts, dir nichts Haftbeschwerde einlegten, sobald man sie festhielt.

In diesen Fernsehfolgen gab es auch kaum Staatsanwälte, von deren Entscheidungen das weitere Vorgehen abhing, keine Weisungen oder Ausbremsungsversuche eines karrieregeilen Vorgesetzten und selbstverständlich keine Presse, die hemmungslos jeden kleinsten Verdacht auf Polizeiwillkür übernahm und ihn zu einer Titelstory aufbauschte.

Jack hatte sich sichtlich gesammelt und stieß wütend hervor: »Was soll ich getan haben, Sie Märchentante?«

»Für Sie immer noch Hauptkommissar Märchentante! So, und gleich nochmal von vorn und diesmal unter Vermeidung unverschämter Titulierungen! Haben Sie Ihre Drohungen im Hinblick auf Herrn Brunner wahr gemacht und sein Equipment elektrotechnisch manipuliert?«

»Den Teufel hab' ich.«

»Und die E-Gitarre auf der Bühne?«

»Gitarre? Was …? Warum, um Himmels willen …? Wieso ist plötzlich von einer, einer … äh … Gitarre die Rede? Die hatte Eric doch Minuten vor seinem … seinem … äh … Abdanken in der Hand.«

Der Kommissar konnte nicht umhin, das neuerliche Gestottere mit »Und ich dachte, die Wortgewandtheit wäre ausgestorben? Dabei sitzt sie mir leibhaftig gegenüber!« zu analysieren.

Jack hatte keine Energie für eine Retourkutsche. Er verstand die Welt nicht mehr. Und den Chefermittler erst recht nicht, der Zettel um Zettel seines vorsintflutlichen Notizblocks füllte.

Nur Eingeweihte wussten, dass er neben einigen Stichworten meist sinnlose Krakeln, oft genug sein Lieblingsmotiv – einen Galgen mit einem daran baumelnden Strichmännchen – kritzelte. Eckenspergers Bestreben war, den zu Vernehmenden durch die Intensität seines Dokumentationsvorgangs zu irritieren. Deshalb »schrieb« er bevorzugt an völlig belanglosen Gesprächspassagen mit. In diesen konnte er sein Vis-à-vis mit geübt unauffälligem Blick mustern, wenn sich die Person unbeobachtet fühlte.

Die Taktik ging auch beim unbeherrschten Sound engineer auf.

»Was protokollieren Sie da andauernd? So viel erzähle ich Ihnen ja gar nicht. Zum wiederholten Mal, und *das* jetzt zum Mitschreiben: Ein toter Eric nützt mir nichts. Oder glauben Sie, ein Ermordeter zahlt seine Schulden zurück? Im Übrigen kann ich die paar Hunderter leicht verschmerzen. Ich verdiene gut, bin ein begehrter Tontechniker, werde sogar für TV-Übertragungen und internationale Bühnenacts gebucht.«

Polatschek hielt inne, um Eckensperger genügend Gelegenheit für ehrfürchtige Bewunderung zu lassen. Dessen Kopfkino war allerdings beim Faktor Einkünfte und Ausgaben seines Zeugen hängengeblieben.

»Nicht zuletzt für Ihre Pokerpartien werden Sie erkleckliche Geldsummen benötigen. Wie ich erfahren konnte, zocken Sie mit vergleichsweise hohen Einsätzen?«

»Das ist nun wirklich mein Privatvergnügen«, rechtfertigte sich der Befragte, der langsam ins Schwitzen geriet. Die Nachforschungen des Kommissars verlangten gehörige Konzentration ab, und Jack zog Bequemlichkeit selbstredend jeder Form von Anstrengung vor.

»Außerdem besitze ich einen Geräte- und Bühnenequipmentverleih, der enorm gut läuft. Boxen, Mischer, Stative und so was, auch Scheinwerfer und Monitoranlagen. Eric reparierte das eine oder andere Teil, um seine Außenstände abzuarbeiten. Ein weiterer Grund, ihm nichts anzutun. Dermaßen kostengünstig hätte mir niemand sonst die Dinge überholt. Obendrein verstand er was von der Materie. Echt schade um ihn. Da fällt mir ein, ich muss mich schleunigst nach einem neuen Servicetechniker umsehen, mein Lexicon Hall hat einen Wackelkontakt …«

Während der Verhörte fieberhaft einen Ersatz für Erics geschickte Hände suchte, schaltete sich unvermutet Kollege Geistesblitz ein. Eckensperger griff den Gedanken sofort auf.

»Eine Frage noch: Wie sind Sie eigentlich an all diese Geräte gekommen? Die müssen ja ein kleines Vermögen gekostet haben? Wovon konnten Sie sich in Zeiten, als Sie ein unbedeutender Mischpultschimpanse waren, die Ausstattung und die Lagerräume plus Ihre teuren Kartenrunden leisten?«

»Na, hören Sie!«, protestierte der Toningenieur empört über die Beleidigung, fuhr dann aber relativ gefasst und mit stolzgeschwellter Brust fort: »Nun, etliches konnte ich von Studios, die zusperren mussten, oder Bands, die sich auflösten, erwerben. Zusätzlich habe ich natürlich beste Kontakte zu Musikhäusern, Messeveranstaltern. Da gibt es laufend preisreduzierte Vorführstücke ...«

Eckensperger würde dem nachgehen, besser gesagt, die Aufgabe auf einen *seiner* »Schimpansen« abwälzen. Rasch hielt er seinen aufgekeimten Argwohn schriftlich fest, danach spann er den Faden weiter.

»Nun, vielleicht wollten Sie Eric gar nicht umbringen, sondern ihm einfach einen Denkzettel verpassen, der drastischer ausfiel als geplant?«, schlug er vor.

»Und dadurch einen Technikerjob mit passabler Gage in den Sand setzen? Für wie blöd halten Sie mich?«

Darauf wollte der Kommissar nicht antworten. Eine neuerliche Dienstaufsichtsbeschwerde wegen seines Verhörstils war ihm dieser Kerl nicht wert. Geschickt brachte er das Thema auf den Gruppenboss als ausersehenes Opfer, der durch Erics Tod und der damit verbundenen Konzertabsage ebenfalls massive Nachteile hinnehmen musste.

Jack, bereits ziemlich in Rage, fauchte: »Gegen Manny habe ich genauso wenig. Seine große Zukunft hat der hinter sich, für mich ist er wie jeder Act ein Auftrags- und somit Moneybringer. Und wenn ich die Kategorie wählen könnte, dann soundso am ehesten den Stoff von ›Black Fire‹. Für die finanziellen Einbußen wird der alte Fuchs eine Ausfallsversicherung abgeschlossen haben. Und ob er mit seinem Auftritt so fette Schlagzeilen gemacht hätte, wie durch den Verlust seines Bühnentechnikers, bezweifle ich heftig. Für Manny alles paletti und kein Anreiz für mich, ihm Böses zu wollen. Also, was soll *ich* noch hier?«

Insgeheim gab der Kommissar Herrn Polatschek vollinhaltlich recht. Sogar, was dessen bevorzugte Musikrichtung betraf. Je intensiver und lautstärker gerockt wurde, umso unmaßgeblicher fiel Jacks Inkompetenz am Mischpult auf. Der Ermittler verfolgte mit seiner Untersuchung ein gänzlich anderes Ziel. Er hoffte von seinem genervten Zeugen, Insiderwissen zu erhalten, sobald sich dieser genötigt sah, den Verdacht von sich abzulenken.

Das Spielchen des Verhörprofis ging auch diesmal auf, denn der Befragte reagierte unweigerlich auf die Wartepause.

»Haben Sie eigentlich mal den Charly in die Zange genommen? Der wirkt so harmlos und naiv, muss den Eric jedoch mit Sicherheit gehasst haben, nach dem, was mit seiner Schwester passiert ist.«

»Haben wir«, räumte Eckensperger betont gelassen ein. »Das Motiv besteht, das sehen wir in gleicher Weise. Sonst passt allerdings nichts zusammen. Technisch ist Karl Oberpolzer eine hohle Nuss. Den können wir getrost von der Liste streichen. Der ist zwar ein Saitenvirtuose, aber von elektronischen Belangen hat der ähnlich viel Ahnung wie ein Vollpfosten von der Urknalltheorie oder ein Landpfarrer vom Strip Club. Der hatte schon Schwierigkeiten, an seinem Smartphone die In-Ear-Stöpsel anzuhängen.«

Diese Erkenntnis verdankte der Abteilungsleiter Nicole, die die Bandmitglieder gezielt auf deren einschlägiges Know-how durchgecheckt hatte. Aufgrund ihrer Beobachtungs- und damit verbundener Kombinationsgabe kam von Musikerseite lediglich Roman Raifeder infrage. Der betreute sein Keyboard selbst, hatte Jacks ungeschickte Verstärkungsambitionen mit missbilligendem Blick kommentiert und laut ihren Recherchen einige Semester auf der Technischen Universität abgesessen.

»Zurück zu Manny. Was können Sie mir über ihn erzählen?«

Der Tontechniker begann, über den alternden Bandleader zu lästern.

»Ein in die Jahre gekommener Seniorenrocker, der sich unbedingt ein Comeback wünscht, bevor er ins Altersheim wandert. Davon träumt der! Ich sag': ›Träum weiter‹. Den einzigen Durchbruch, den der je erlebt, wird ein Blinddarmdurchbruch sein, weil Leberdurchbruch gibt es keinen«, erklärte er gehässig. »Die Zeiten sind vorbei, als seine weiblichen Fans ihre BHs auf die Bühne warfen oder kreischten ›Manny, ich will ein Kind von dir‹. Heute kämen Mieder und Stützstrümpfe geflogen, falls sie diese überhaupt entsprechend weit werfen können. Jetzt schreien die antiquierten Bewunderinnen: ›Manny, ich will ein Enkelkind von dir‹. Der Lack ist ab, obwohl Retro natürlich schwer in Mode ist …«

Die Tür zum Vernehmungszimmer wurde aufgerissen.

Noch bevor Eckensperger seinem Unmut hörbar Raum verschaffen konnte, verkündete Seiler: »Tut leid, Boss, es gibt da eine Komplikation!«

Jack wurde im Gewahrsam des Wachebeamten, der bislang unauffällig in der Ecke gestanden war, zurückgelassen. Ein Nicken in den Spiegel bedeutete

Reinhard Schaller, dem Abteilungsleiter auf den Gang zu folgen.

»Seiler, wenn Sie keinen überzeugenden Grund haben, in mein Interview zu platzen, reiße ich Ihnen den Ar… äh … Kopf ab«, bremste sich Eckensperger eingedenk seiner Kommunikationsschulung und der Anwesenheit seines früheren Vorgesetzten, dem er keinen Anlass für Anschwärzungen liefern wollte, ein.

»Keine Sorge. Es IST dringlich! Soeben rief Frau Nemcová an: Auf Manny wurde ein Anschlag verübt! Er liegt nach einer kurzen Bewusstlosigkeit mit Gehirnerschütterung und einer Platzwunde am Hinterkopf im Krankenhaus der Barmherzigen Brüder.«

Eckenspergers erste Reaktion in alter Manier wäre zweifelsohne eine saloppe Antwort wie »Wird wohl einem seiner Saufkumpanen die Bierflasche ausgerutscht sein« oder »Allzu viel wird es bei dem nicht zu erschüttern geben« gewesen. So aber brummte er lediglich ungeduldig: »Keine Details, wer verdammt ist Frau Nemcová?«

»Na, Tereza Nemcová oder Nancy, die Promotiontante, wie Sie sie zu nennen pflegen. Sie hat Manny hinter der Bühne gefunden, nachdem sie für ihn und sich beim Imbissstand Kaffee und Knabbereien holen war.«

Zwischenzeitlich waren die drei im Büro der Mordkommission angelangt, wo »Einfach-Mike«, bestückt mit allem, was an Einsatzwerkzeugen gut und teuer war, breitbeinig und mit dunkler Sonnenbrille auf wichtig verkleidet, mitten im Zimmer stand.

»Sofort die Spurensicherung hinschicken …«

»Längst erledigt«, fiel Sebastian seinem Chef ins Wort.

»Fein, dann fahren Sie mit Mauser, unserem bestens ausgerüsteten, jedoch lichtempfindlichen Spezialisten, hinterher und beaufsichtigen das. Reinhard, du entlässt unseren Zeugen aus dem Verhörraum und überprüfst seine Konten und Versicherungen rund um den Geräteverleih. Mein linker kleiner Finger zuckt verdächtig, da ist ordentlich was faul. Und Nicole soll mich ins Krankenhaus begleiten. Ich gehe davon aus, Frau Nemetzka ist ebenfalls dort?«

»Wer ist Frau Nemetzka?«

»Na, die Promotiontante!«

»Nemcová! Tereza Nemcová!«

»Ich hab' jetzt keinen Kopf für exotische Buchstabenkombinationen. Wo steckt eigentlich Fräul… Frau Empathie-in-Person Sedlacek? Schon auf der Anreise ins Spital?«

»Nein, sie …«, kam es zunächst erneut im Einklang von Mike und Sebastian. Dann allerdings wichen ihre Aussagen massiv voneinander ab.

Sebastian fuhr fort: »… ist nur rasch in den Drogeriemarkt, um so'n Frauendings zu kaufen«, während Mike orakelte: »… verfolgt eine heiße Spur.«

Eckensperger sah von einem zum anderen. Die zwei sahen sich an. Sebastian hatte zumindest den Anstand, angesichts seiner Lüge ein wenig Farbe unter den Sommersprossen aufzuziehen, wohingegen Mike dem fragenden Blick des Abteilungsleiters ungerührt standhielt. Man konnte nie wissen, wozu Sonnenbrillen in Innenräumen hilfreich waren.

»Für Ihre Uneinigkeit gibt es bestimmt eine vernünftige Erklärung?«, herrschte der Kommissar die beiden an.

»Verlass dich nicht drauf, Ecki«, raunte ihm Reinhard Schaller zu.

Eckensperger seufzte.

Ein tolles Team hatte er da beisammen: eine Beamtin, die seit neuestem aus der Reihe zu tanzen schien, einen Frechdachs, der um seine Vorherrschaft buhlte, einen Selbstdarsteller, der keinen geraden Satz herausbrachte, dafür auf »cool« machte sowie – gleichsam als Sahnehäubchen – seinen Ausbildungskumpel und ehemaligen Vorgesetzten, der ihm mit der Verniedlichungsform seines Namens, und nicht nur damit, mächtig auf die Nerven ging und vor dem er sich gehörig in Acht nehmen musste. Irgendetwas führte der Protz mit den hochglanzpolierten Maßschuhen im Schilde, so arrogant wie er, trotz seiner unbedeutenden Position, im Stab seines schärfsten Kritikers agierte. Dem Kommissar war bewusst, ab nun permanent »auf dem Präsentierteller« zu stehen.

Bereits auf dem Rückweg ins Büro hatte Reinhard erwartungsgemäß polemisiert: »Na, Gernot, ein Verhör ohne ›schlag‹fertigen Einsatz? Wohl, weil ich auf der anderen Seite der Scheibe stand. Wolltest du mir was beweisen?«

Gottlob war keine Zeit für eine Entgegnung geblieben. Sein vormaliger Boss täuschte sich nebenbei enorm. Körperliche Gewalt war noch nie Eckenspergers Ding gewesen. Seine »Waffen« waren, wie Jack und der stille Beobachter hinter dem Spiegel soeben erlebt hatten, seine schneidende Stimme in entsprechender Lautstärke, seine mitunter derbe Ausdrucksweise sowie sein insistierender Nachdruck, der so manchen Verdächtigen enerviert zur Kapitulation anspornte.

Gelegentlich jedoch – wie in dieser Situation – juckte ihn seine trainierte Faust beträchtlich, und er musste sich sehr beherrschen, sie nicht in das unsympathische Gesicht eines widerwärtigen Mitmenschen zu donnern.

Mit grimmigem Aufstöhnen ließ Eckensperger sich in seinen Drehsessel fallen und starrte verdrossen auf die beruhigenden Naturaufnahmen des Bildschirmschoners, die ihre Aufgabe allerdings gänzlich verfehlten. Keine noch so sanft gekräuselte Wasseroberfläche, kein dahingleitender Schwan, keine leise schwankenden Schilfrohre konnten seinen Groll besänftigen.

Währenddessen holte Reinhard Schaller sein brandneues iPhone hervor und bediente wichtigtuerisch ein paar Korrespondenzfunktionen, die unzweifelhaft seinem beruflichen Vorwärtskommen und keineswegs der Klärung des aktuellen Verbrechens dienten.

Mike und Sebastian schlüpften in ihre Uniformjacken und eilten zum Dienstwagen in die Tiefgarage. Dort bauten sie den angestauten Dampf über ihre divergierenden Antworten auf Eckenspergers Interesse an der vermissten Mitarbeiterin ab.

»Chef, Nicole ist in der Drogerie, so'n Frauenzeug kaufen. Haha!«, imitierte Michael Mauser seinen Kollegen. »Das ist die vollgeschminkte Wahrheit.«

»Das heißt ›ungeschminkte‹, du Hornochse!«

Mike ließ sich nicht verunsichern. Über den Rand der Sonnenbrille blickend, konterte er: »Na und? Man wird sie ja noch ein wenig verschönern dürfen.«

Fata Morgana

Aufbruchstimmung – alle waren unterwegs. Die Spurensicherer zu Erics Behausung, um die berühmte Nadel im »Sauhaufen« zu finden, der Dezernatsleiter ins Spital, seine tüchtigste Mitarbeiterin auf dem Rückweg vom Hotel ins Kommissariat, ihre beiden Kollegen Richtung Open Air-Gelände, Reinhard Schaller im World Wide Web und Jonny Schlager in Gedanken bei seinem nächsten Hit.

Nicole stürmte nach ihrer Soloaktion mit schlechtem Gewissen ins Büro. Überragendes hatte der Ausflug zum Sänger ja nicht gebracht, musste sie eingestehen.

»Zumindest können wir einen ›Eventuell-Verdächtigen‹ vorläufig von der Liste streichen«, tröstete sie sich.

Mit einem erstaunten »Nanu, wo sind die denn alle?« überfiel sie den Neuzugang im Team, der einsam Stellung im Morddezernat hielt und hastig sein Privathandy unter dem mehrseitigen, vor ihm liegenden Kontoauszug versteckte.

»Das ist einmal eine originelle Frage! Zuletzt wollte Gernot stets informiert werden, wo *Sie* stecken.«

Nicole schluckte. Also hatte ihr Chef ihre Abwesenheit bemerkt. Wiederholt sogar. Das würde eine geharnischte Strafpredigt setzen, so viel war klar. Hoffentlich keinen Eintrag in ihren Personalakt oder unter Umständen ein Disziplinarverfahren. Der ehemalige Polizeidirektor als Mitwisser erschwerte die Angelegenheit, für sie wie auch für ihren Abteilungsleiter. Ein dummes Wagnis zu einem unpassenden Zeitpunkt, das sie sich da geleistet hatte.

»Haben meine beiden Kollegen wenigstens eine vernünftige Erklärung abgegeben?«

»Zum Schluss waren sie sich nicht mehr ganz einig«, säuselte Schaller maliziös und ließ sich herab, den Wortwechsel knapp zu schildern.

»Etwas Besseres ist den beiden Pappnasen nicht eingefallen? Mich entweder als unausgerüstete Tussi mit Menstruationsbeschwerden oder illoyale Beamtin auf Geheimmission darzustellen?«

Nicole war bestürzt.

Sollte sie künftig jemals einen Alleingang planen, musste sie unbedingt eine einheitliche, möglichst glaubwürdige Begründung für ihre Absenz beisteuern. Im Moment konnte sie sich nicht entscheiden, was sie sich am meisten wünschte: ein schwarzes Loch, in das sie sich für die folgenden Jahre zurückziehen konnte, eine XL-Schokotorte, sechs Wodka Shots oder zwei Wochen Auszeit auf den Malediven.

»Sie sollen übrigens schleunigst ins Ordensspital von irgendwelchen Brüdern nachkommen. Gernot ›fiebert‹ dort Ihrer Anwesenheit entgegen.«

»Um Himmels willen, was ist passiert?«

Reinhard Schaller setzte Nicole eilfertig über die letzte Entwicklung in Kenntnis, dann war sie neuerlich bei der Tür draußen.

Nicht, ohne ihrem Kollegen zuzurufen: »Jetzt können Sie Ihr Handy wieder unter den Papieren hervorholen und weiterchatten.«

Es war immer dienlich, gegen allfällige Intriganten einen Trumpf in der Hand zu haben und sie das auch wissen zu lassen. Ob sie sich ihn damit zum Freund gemacht hatte, war eine andere Sache.

Eckensperger brauchte erst gar nicht nach dem eingelieferten Starpatienten zu fragen.

Es genügte, der Schar emsiger Reporter und Fotografen in den zweiten Stock nachzuhasten.

Manny lehnte publicitywirksam mit einem dicken Verband um den Kopf und einer Hand am Haltegriff der Aufsetzhilfe in seinem Spitalsbett. Die zweite wurde von Nancy getätschelt, die diensteifrig Auskunft über das traurige Ereignis gab und gemeinsam mit ihrem verletzten Partner tapfer in die Kameras lächelte.

Der behandelnde Arzt stand hilflos mitten im Gewimmel und wurde ebenso um Auskünfte bedrängt. Gleichzeitig wollte er seinem Patienten wegen dessen Gehirnerschütterung zur nötigen Ruhe verhelfen.

Dafür sorgte der Hauptkommissar nach einem effektvollen Brüller, bei dem sowohl Manny als auch Nancy verschreckt zusammengezuckt waren. Wie weiland Jesus die Tempelhändler trieb Eckensperger die sensationsgeile Schar zur Tür hinaus, ließ den Mediziner kurz nach dem Bettlägerigen schauen und begann daraufhin mit zähneknirschend erteiltem, ärztlichem Einverständnis die Vernehmung. Nancy wirkte deutlich enttäuscht, nichtsdestotrotz beantwortete sie die Fragen bereitwillig, unterstützt vom bestätigenden Gemurmel ihres Angetrauten.

Viel Neues war nicht zu erfahren. Während sie bei einem der Imbissstände eine kleine Stärkung geholt hatte, musste sich jemand Zutritt zu Mannys Garderobe verschafft (abgesperrt wäre sie ja nicht gewesen) und ihn niedergeschlagen haben. Gesehen habe sie bei ihrer Rückkehr niemanden, lediglich ihren Gatten blutüberströmt vorgefunden und sofort Rettung sowie

Polizei verständigt. Manny hatte die Person nicht erkennen können, alles sei so überfallsartig abgelaufen. Bestimmt sei der Angreifer ein Mann gewesen, hätte gut und gerne dieselbe Körpergröße wie er gehabt. Entwendet war nichts worden. Ins Stocken geriet der Rocker erst bei der Nachforschung, ob er einen Geruch – Parfüm oder Bierdunst etwa– wahrgenommen und ob er vor dem gezielten Knockout nichts gehört habe.

»Was hätte ich denn hören sollen?«, zeterte Manny schmerzgeplagt. »Natürlich hat sich der Täter angeschlichen.«

»Nun, kaum eine Tür geht völlig lautlos auf«, erläuterte der Kommissar, dessen Bedenken an der Geschichte zunahmen. »Da wendet man sich normalerweise instinktiv dem Geräusch zu. Sie jedoch wurden exakt von hinten getroffen.«

»Normalerweise, normalerweise! Was ist schon normal heutzutage? Sie tun gerade so, als hätte ich mir den Schlag selbst verpasst«, zeterte Manny. »Da wäre ich wohl nicht ganz bei Trost!«

Eckensperger biss in seinen Bleistift, um die sich aufdrängende Bemerkung »Genau das scheint ja Ihr Problem zu sein« für sich zu behalten.

Andererseits waren Mannys Ohren, wie er beim Soundcheck erlebt hatte, nicht die besten und sein »geriatrischer« Körper für reaktionsschnelle Drehungen grundsätzlich nicht fit genug. Es blieben jedenfalls ein paar Fragezeichen, die in Eckenspergers Kopf schwirrten wie ein Mückenschwarm in der Abendsonne. Antworten hoffte er am Ort des Angriffs zu finden.

Zumindest seine »tüchtigste Mitarbeiterin« war im Krankenzimmer mit hochrotem Kopf und gestammelten Entschuldigungen aufgetaucht, hatte das Pärchen einfühlsam begrüßt und sodann Nancy zu sich auf den Gang herausgewunken. Was die beiden Frauen zu besprechen hatten? Viel Muße blieb nicht, denn der Abteilungsleiter drängte zum Aufbruch.

Der Trip mit ihrem Chef zur Open Air-Wiese war für Nicole diesmal nicht nur aufgrund seines ungestümen Fahrstils kein Honigschlecken.

Klarerweise wollte Eckensperger erfahren, wo sich Nicole ohne sein Wissen herumgetrieben und worüber sie sich mit der Verdächtigen heimlich ausgetauscht hatte. Die zweite Frage zu beantworten, fiel ihr entschieden leichter.

»Meine Vermutung, das silberne Amulett in Erics Hosentasche stamme von Nancy, hat sich bestätigt. Ich wollte mich diskret danach erkundigen.«

»Und wieso ist das wichtig?«, knurrte der schneidige Schofför.

»Ein derartiges Amulett erhält man gewöhnlich von Menschen, denen man am Herzen liegt. Und selbstverständlich trägt man es nur bei sich, solange einem der Geber, in unserer Konstellation die Geberin, etwas bedeutet. So gesehen brauchen wir nach keiner weiteren Frau im Umfeld zu suchen.«

»Also meinetwegen«, lenkte der Kommissar ein. »Verstehe. Nun zu Ihrem Abstecher zum Schlager-Jonny. Wenn Sie in Zukunft den Drang verspüren, eine Spur auf eigene Faust zu verfolgen, dann …«

»Ja? Dann …?«

»Dann LASSEN Sie es! Versichern Sie mir, dass Sie nie wieder eine Soloaktion unternehmen.«

»Ja-a«, kam es zaudernd von Nicole.

Ein solches Zugeständnis abzugeben, machte ihr zu schaffen. Es passte nicht zu ihrer Einstellung und irgendwie passte diese Forderung auch nicht zu ihrem Chef. Der fuhr fort: »Und dann versprechen Sie mir, sich im entscheidenden Fall nicht an die soeben ausgesprochene Anordnung zu halten! Das zeichnet nämlich einen exzellenten Kriminaler aus!«

Es gab Momente, da liebte Nicole ihren Chef glattweg. Fast wäre sie ihm um den Hals gefallen, was im Auto bei seinem rasanten Fahrstil definitiv keine sinnvolle Idee war. Deshalb bremste sie sich ein, ganz im Gegenteil zu ihrem Häuptling, der zwei alte Damen über den Zebrastreifen jagte und die nächste Kurve mit quietschenden Reifen nahm. Mit seinem Nachsatz konnte sie – ergänzt durch eine winzige Fußnote – bestens leben. Eifrig nickend setzte sie die in ihren Augen nötige Ergänzung »Und eine exzellente Kriminalerin« hinzu und verkniff sich ein Aufstöhnen, als Eckensperger mit 70 Sachen die Ausfahrt zum Festgelände ansteuerte.

»So, was haben wir?«, bellte Eckensperger seine Mitarbeiter, die ihn in Mannys Künstlergarderobe empfingen, an.

»Was *Sie* haben, weiß ich nicht. *Ich* habe Schuhgröße 44, ein Sodbrennen nach unserem Kantinenfraß, das dich um den eigenen Tod beten lässt und Vorliebe für Körbchengröße C.«

»Sie werden ratzfatz Faustgröße XXL kennenlernen, Seiler, wenn Sie derlei Blödsinn verzapfen. Nehmen Sie immer noch diese eigenartigen, neonfarbenen Pillen? Oder fehlt Ihnen in Bezug auf den neuerlichen

Anschlag die nötige Ernsthaftigkeit? Also, was haben wir?«

Eckenspergers Ton hatte an harschem Nachdruck zugelegt, seine Augenbrauen schoben sich an der Nasenwurzel gefährlich zusammen. Gleichzeitig fühlte sich der Chefermittler in seiner Vorahnung bestätigt. Sebastian hatte offenkundig Wichtiges entdeckt, sonst hätte er weit weniger vorlaut reagiert.

»Etwas ist hier oberfaul, Chief, wenn Sie mich fragen. Wir haben seltsame Spuren am ›Tatort‹. Zum Beispiel hier auf dem Tisch: Blutspritzer *auf* der Essensverpackung und den Pappkaffeebechern, jedoch keine darunter«, beeilte sich der vorwitzige Mitarbeiter aufzuzählen. »Daraus lässt sich schließen, die Lebensmittel waren bereits im Raum, als dem Haudegen die Verletzung beigebracht wurde. Vorausgesetzt natürlich, es ist sein Blut. Die entsprechende Untersuchung habe ich stante pede veranlasst. Sofern es von Manny stammt, und davon gehe ich aus, steht das in krassem Widerspruch zu Nancys Aussage.«

»Ist er nicht eine echte Konifere auf seinem Gebiet, Boss?«, warf Michael Mauser dazwischen.

»Du meinst Koryphäe?«, korrigierte Nicole stirnrunzelnd.

»Nein, Konifere. Was soll ich mit Tanzeinlagen?«

»Nicht Choreografie, du Nuss!«

Bei Mikes Zitaten- und Fremdwortschatz war Hopfen und Malz, in seinen Worten eher »Topfen und Schmalz«, verloren.

Seiler brachte das Gespräch auf das eigentliche Thema zurück. Er sah die aufkeimende Ungeduld seines Vorgesetzten angesichts des unnötigen Wortwechsels und wollte einem drohenden Ausbruch zuvorkommen. Nicht umsonst eilte dem Kommissar der Sager voraus: »Als Gott Geduld verteilte, ist Eckensperger einfach gegangen – es hat ihm zu lang gedauert.«

»Die Spurensicherung konnte jedenfalls keine Hinweise auf die Anwesenheit einer weiteren Person ausmachen. Eigenartig, nicht wahr?«

»Gar nicht eigenartig. Das deckt sich mit meinen Erkenntnissen, korrekt formuliert Annahmen. Der knarrende Bretterboden hier unterstützt meine These, Manny müsste einen sich nähernden Angreifer wahrgenommen haben. So abgefahren es klingt, aber ich bin überzeugt, ihm wurde die Wunde von seiner Frau zugefügt. Wenn wir jetzt noch die Tatwaffe hätten ...«

Einig war sich das Kriminalistenteam über deren Beschaffenheit. Es musste ein schwerer, zugleich längerer, handlicher Gegenstand gewesen sein, der es der um fast zwei Köpfe kleineren und alles andere als athletischen Nancy erlaubt hatte, den Rocker mit einem gezielten Treffer niederzustrecken.

Kollege Geistes*blitz* meldete sich diesmal bei Nicole. Bestimmt wollte er sie unterstützen, nach ihrem Alleingang wieder Pluspunkte zu sammeln. Denn *blitz*artig schoss der erfahrenen Beamtin das Bild des herantuckernden Golfwagens in den Sinn. Wo ein Golfwagen ist, dürften Golfschläger nicht weit sein, spekulierte sie. Ein ideales Tatwerkzeug, mit dem Nancy ihrem Gemahl den traumatisierenden Schlag versetzt haben könnte, um für anhaltende Publicity zu sorgen.

Laut sagte sie: »Hat die KTU ein Eisen sichergestellt?«

»Was für ein Eisen?«, wollte Eckensperger leicht genervt wissen.

»Sie haben ja mit Nobelsport gar nichts am Hut, besser gesagt auf der Schirmmütze, Chef. Einen Golfschläger natürlich!«

»Und woher soll ich ›golfisch‹ können? Mir reicht das Fachchinesisch vom Gerichtsmediziner Willibald.«

»Gemeinhin teilt man ja die Menschen in jene, die Golf spielen und jene, die noch Sex haben, ein. Zur ersten Kategorie gehören Sie untrüglich nicht, wenngleich für die zweite ebenso spärliche konkrete Anzeichen vorliegen.«

»Diese Bemerkung will ich überhört haben«, zischte der Kommissar, bevor er die zwei Mannen der Spurensicherung beauftragte, nach dem Cart Ausschau zu halten und es danach zu untersuchen.

Daraufhin wandte er sich erneut seiner forschen Mitarbeiterin zu: »Das Anhimmeln von Chewing Joe aus der Ferne lässt auch nicht gerade auf ein erfülltes Liebesleben schließen, oder?«

»Einfach-Mike« mischte sich ungebeten in den Dialog ein.

»Du stehst auf den Joe? Dann lad ihn doch einmal zu etwas Aufregendem ein. Ich, zum Beispiel, zeige Elke morgen die Pathologie.«

Nicole schüttelte sich.

»Solltest du es vielleicht nicht besser für den Anfang mit einem Kinobesuch versuchen? Wegen der Romantik und so?«

Joe und sein Kollege kehrten freudestrahlend winkend mit einem 7er Eisen zurück. Ersterer zwinkerte Nicole vertraulich zu, was diese ermutigte, ihren Vorsatz für den heutigen Samstagabend anzugehen. Aus der Ferne anhimmeln? Pah, das war Schnee von gestern.

»Eingetrocknete Blutreste am unteren Ende! Sogar mit freiem Auge erkennbar und mit dem Luminol Spray bereits nachgewiesen. Blieb wahrscheinlich keine Zeit für eine gründliche Reinigung nach dem heftigen Hieb, der ärztliche Behandlung verlangte.«

»Jetzt muss nur noch der gute Willibald oder seine Fachkraft Frau Magister ›Ich-merk-mir-den-Namen-beim-besten-Willen-nicht‹ bestätigen, dass die Wunde zum Golfschläger beziehungsweise das Eisen zur Verletzung passt. Haben wir schon eine Blutprobe oder wenigstens die Blutgruppe?«

»Vom Golfeisen?«

»Von unserem Rockeropfer natürlich! Halten Sie mich nicht mit kuriosen Fragen auf, Mauser, Sie Energiesparmodell eines Kronleuchters. Nancy wird nicht mehr lange bei ihrer Version eines unbekannten Attentäters bleiben können. Mein linker kleiner Finger führt einen Freudentanz auf. Leider stehen wir damit wieder ganz am Beginn.«

»Wieso denn, Boss?«

»Weil wir nach wie vor nicht wissen, ob die Stromfalle für den Techniker oder den Bandleader gedacht war.«

Das Geheimnis sollst du verraten

Auch Reinhard Schaller war in der Zwischenzeit nicht untätig gewesen. Zumindest legte er einen Stapel Papiere vor, auf denen mit neongelbem Marker etliche Zeilen hervorgehoben waren.

»Hast du Frau Hofstädter den langweiligen Abgleich der Listen anfertigen lassen?«, fragte der Hauptkommissar, dem die leuchtfarbenen Kleckse auf dem linken Zeigefinger und dem Lineal der Praktikantin nicht entgangen waren.

»Wozu hat man Sekretariatskräfte? Ich habe meine teuren Arbeitsstunden für Bedeutenderes verwendet. Erstens: Umfangreiche Recherche zu den Versicherungsunternehmen, mit denen Polatschek Verträge abgeschlossen hat – der Schurke war bei mehreren Instituten Kunde, um seine Betrügereien zu vertuschen. Zweitens: Anordnung einer unverzüglichen Durchsuchung seines Lagers mit Bestandsaufnahme. Das wurde von mir auf dem kurzen Dienstweg erledigt und ein Kollege vom Betrugsdezernat damit beauftragt. Drittens: Den Zeugen entgegen deiner Aufforderung gar nicht erst gehen lassen. Der sitzt nach einem Boxenstopp in der Cafeteria wieder im Vernehmungszimmer und dürfte ahnen, dass wir seinen Machenschaften auf der Spur sind. Vor einigen Minuten wollte er einen Anwalt kontaktieren, was ich entsprechend der Gesetzeslage genehmigte. Er hat zu dieser Personengruppe allerdings signifikant weniger Kontakte als zu Musikern und Konsorten. Vielleicht checkt er sich mit Hilfe seines Smartphones einen geeigneten Rechtsvertreter, ich habe ihm keinen empfohlen. Mittlerweile dürfte er ziemlich ›weichgekocht‹ und reif für eine Beichte sein.«

Aus den Unterlagen ließ sich auf den ersten Blick ein massiver Versicherungsbetrug herauslesen. Zahlreiche als »verlustig gegangene« oder mit »Schaden durch Unbekannt, daher ausinventarisiert« kategorisierte Geräte fanden sich ungeniert einsatzbereit in Polatscheks Besitz.

Reinhard Schaller nahm Eckensperger zur Seite, der wie ein wutschnaubender Stier auf Kurs Verhörraum stampfte.

»Erinnere dich an deine psychologische Schulung. Keine Drohungen, keine Beschimpfungen. Deeskalation ist angesagt. Subtil, Ecki, subtil musst du ihm kommen. Den zu Verhörenden bei seinem wunden Punkt erwischen, beispielsweise bei seiner ungesunden Beziehung zu seiner Mutter, abergläubischen Ängsten, kranken Vorlieben. Bei unserem ›Soundkaliber‹ wäre mein Vorschlag bei seiner Tontechnikerehre?«

Eckenspergers Einsehen und Rechtsbewusstsein hielten sich in Grenzen, das neuerliche »Ecki« befeuerte seinen Groll.

»Einen wunden Punkt hat er, sobald ich ihm ins Knie geschossen habe.«

»Das ist doch nicht de-es-ka-lier-end, Ecki!«

»Nein, aber ZIELFÜHREND, Schalli!«

»Die unzähligen Scheinwerfer und Mischpulte, die bei Ihnen ständig kaputtgehen, lassen sich wohl nicht nur durch grobes Handling erklären? Ihre Schadensmeldungen weichen gewaltig von jeder Norm ab.«

Jack reagierte gereizt: »Sie wollen mir unbedingt eine Strafsache anhängen. Wenn's kein Mord sein kann, dann zumindest einen Versicherungsbetru… äh …«

»Das schaffen wir. Genau genommen war das ja schon so etwas wie ein halbes Schuldbekenntnis. Wenn Sie dieses schriftlich niederlegen, verzichten wir auf die Untersuchungshaft und der Staat kann sich Ihre Aufenthaltskosten sparen. Sie werden unter diesen Umständen auf freiem Fuß angezeigt, die Anzeige geht an die Staatsanwaltschaft.«

»Und danach?«, forschte der Überführte merklich kleinlauter nach.

»Danach geht mich nichts an.«

Eckensperger war bestrebt, die Angelegenheit rasch vom Tisch zu haben, um sich zu seinen drei jüngeren Hilfssheriffs ins Spital gesellen zu können und ein weiteres Geständnis einzuholen. Mit Mentoring für unerfreuliche Gestalten wollte er sich seine kostbare Zeit nicht stehlen lassen.

Der frühere Polizeidirektor mischte sich großspurig ein: »Die Staatsanwaltschaft stellt entweder die Anzeige ein, womit ich in Ihrem Fall nicht spekulieren würde. Dazu liegen uns zu viele Beweise vor. Ergo wird es wohl zu einem Strafantrag und einer Anklage kommen. Eventuell auch zu einem Diversionsangebot, falls Sie den Schaden zurückzahlen und zusätzlich gemeinnützige Leistungen erbringen. Können Sie das Geld nicht aufbringen, folgt ein Gerichtstermin.«

»Reinhard, du bist kein Staatsanwalt oder Richter. Nimm die Aussage auf und leite die Anzeige in die Wege. Ich muss zur nächsten Baustelle.«

Im Spital war indes bereits alles erledigt. Eckensperger brauchte lediglich die Früchte, die Nicole (hauptsächlich Nicole) sowie Sebastian und Michael gesammelt hatten, einzusacken. Laut gerichtsmedizinischem Schnellbefund passte die Wunde »definitorisch« zum sichergestellten 7er Eisen. Von Nancy lag ein umfassendes Geständnis vor. Diesmal hatte sie ihre Promotionarbeit ausgesprochen ernst genommen und ihren Schützling zu der dummen Vortäuschung eines Attentats überredet.

»Und dann schlägt das Weibsbild derart heftig zu. Tot hätte ich sein können.«

Manny war eindeutig nicht hart im Nehmen, ein wehleidiger Schwächling, der gewohnt war, dass sein Umfeld die musikalischen Bahnen für ihn ebnete und »seine« Frauen die beruflichen Kastanien für ihn aus dem Feuer holten.

»Nun, es sollte ja echt wirken«, verteidigte sich Nancy tränenüberströmt.

Mitleid mit ihrem Ehemann? Verzweiflung angesichts der misslungenen Täuschung? Aufgestaute Wut über ihre Rolle in der Beziehung? Vermutlich von jedem etwas.

Nicole legte die Hand auf eine Schulter der schniefenden, zuckenden Frau und schärfte ihr zum dritten Mal geduldig ein, morgen Früh zuverlässig im Kommissariat zu erscheinen und das aufgenommene Geständnis zu unterschreiben. Das würde sich strafmildernd auf die Irreführung der Behörden und die »Körperverletzung mit Einverständnis des Opfers« auswirken. Auch Manny musste mit einer Anzeige wegen Beihilfe zur Irreführung rechnen. Er zeigte sich wenig einsichtig.

Da jedoch keine weiteren Personen geschädigt worden waren, bestand berechtigte Aussicht auf Einstellung des Verfahrens. Schließlich galt es nach wie vor, Erics Tod aufzuklären und den Täter beziehungsweise die Täterin des Anschlags zu entlarven.

Für heute aber war genug getan, der Feierabend wartete. Wie es sich für gewissenhafte und langjährige Kriminalbeamte und -beamtinnen gehörte, war klar, der Fall würde sie auch nach 18:30 Uhr beschäftigen. Eine offene Akte konnte man mit Dienstschluss eben nicht so einfach zur Seite legen wie ein Tischler seinen Hobel oder eine Friseurin den Föhn.

Das kleine Lokal, zu dem einige steile Stufen nach unten führten, war gerammelt voll. Musikhungrige Gäste drängten sich dicht an dicht, besonders vor der Bar. Nicole lotste Joe zu einem Tisch in der hinteren Ecke des Raums und nahm bewusst an der Wandseite in einer kleinen Nische Platz. In Kürze sollte Joris Ramon McIlwraith auftreten, jener hoffnungsreiche, junge Tonkünstler, dem Manny seinen Comeback-Hit »Alligators, Snakes And Dragons« für wenig Geld abgeluchst hatte. Die junge Polizistin, die ihre ganze Tollkühnheit beim Schopf gepackt und den »Spurensicherer ihrer schlaflosen Nächte« zu dem Heavy-Metal-Clubbing eingeladen hatte, wollte von dem naiven Nachwuchstalent in unverdächtiger Umgebung einen Eindruck gewinnen.

Der Gig startete mit fünfundzwanzig Minuten Verspätung. Dann allerdings benötigte Nicole selbstgebastelte Ohrstöpsel aus einem ihrer Papiertaschentücher. Ob die Melodie und/oder der Text gut waren, konnte sie beim besten Willen nicht beurteilen. Dazu war die

Lautstärke des düsteren Sounds, zusammengesetzt aus dem raffiniert-verzerrten E-Gitarre-Teppich, kompakten Drum- und Bassrhythmen und einem energischen Schreigesang der dreiköpfigen Formation zu enorm. Joes Kommunikationsversuche erkannte sie lediglich an seinen Mundbewegungen. Sie lächelte freundlich, nickte zustimmend und schickte ihm einen »Daumen hoch«, obwohl sie nicht eine Silbe verstanden hatte. Keine Ahnung, ob sie gerade zugesagt hatte, nach dem Konzert seine Briefmarkensammlung zu bestaunen oder nächsten Sonntag seine Mutter bei Kaffee und Kuchen kennenzulernen.

Den meisten Gästen machte das offensichtlich nichts aus, im Gegenteil konnten sie sich trotz der Geräuschkulisse angeregt unterhalten. Für den Beginn eines romantischen Flirts war das Date nach Nicoles Auffassung nur am Rande geeignet.

Ihr Einsatz wurde trotzdem belohnt. Denn kurz nach Beginn des Events tauchte eine vertraute, platinblonde, knabenhaft schlanke Frau aus der Kulisse auf und animierte andere Zuschauerinnen, mit ihr vor dem kleinen Podium zu shaken. Die Tänzerinnen verausgabten sich ebenso wie die Jungs auf der Bühne, deren völlig durchnässte T-Shirts bereits ab dem dritten Song an ihren Oberkörpern klebten. Joe schien der Lärm nicht weiter zu stören. Er hatte bloß Augen für Nicole, forderte sie mehrmals zum Anstoßen mit ihren Aperol Spritzern auf und legte nach dem fünften Titel wagemutig seine Hand auf die ihre. Falls er sich auf eine idyllische, zweisame Pause gefreut hatte, wurde er herb enttäuscht.

Kaum war der Schluss»akkord« der ersten Hälfte verklungen, sprang Nicole auf und stürmte Karin Aschauer in den Backstagebereich hinterher. Mit einem Seufzer reihte sich Joe neuerlich an der meterlangen Schlange für zwei bittersüße, orangerote, italienische Aperitifs an.

Die Technikerin erschrak nicht wenig, als anstelle eines aufgekratzten Fans die junge Kriminalbeamtin in dem winzigen Raum neben der Bühne auftauchte. Sofort war auch die angespannte Nervosität der soeben noch ausgelassen Tanzenden bemerkbar. Es dauerte, bis Nicole sie von ihren wohlmeinenden Absichten überzeugen konnte. Dann jedoch sprudelten die aufgestauten Ängste aus der Bedauernswerten mit Urgewalt heraus. Joris hatte aus seiner Verachtung gegenüber Manny kein Hehl gemacht. Dass er selbst bei dem Deal keine starke Hand bewiesen hatte, verstärkte seine Wut auf den alten Rockstar. Karin musste befürchten, ihr Lebensgefährte hätte seine Übervorteilung an Manny gerächt.

»Immerhin hat mir Eric am Tag vor dem ersten geplanten Open Air-Konzert, eigentlich am frühen Abend, die graue Sporttasche mit den Ersatzkabeln und Effektgeräten anvertraut. Er hätte ein paar Kleinigkeiten zum Überprüfen gehabt, und der Bandbus war bereits mit Nick am Steuer und dem Rest des Equipments zum Festgelände unterwegs. Ich hatte furchtbare Angst, Joris könnte sich hinter meinem Rücken an den Sachen zu schaffen gemacht haben, und Sie würden meine Verbindung zu ihm herausbekommen und ihn verdächtigen.«

»Und? Könnte er die elektrotechnischen Manipulationen durchgeführt haben? Waren sein Hass und sein Know-how groß genug?«, wollte Nicole wissen.

»Beides eher nicht«, erwog Frau Aschauer. »Abgesehen davon hätte er danach meine Anwesenheit nicht mehr ertragen. Joris kann sich einfach nicht verstellen. Er ist ebenso grundehrlich wie seine Kompositionen.«

»Ja, so kann man die Musik mit viel gutem Willen auch bezeichnen«, überlegte Nicole.

Abschließend sagte sie: »Genießen Sie das heutige Event in Ruhe, nur schauen Sie morgen bitte verlässlich bei mir im Büro vorbei.«

Die Stirn der blonden Frau verdüsterte sich, daher beeilte sich die »Beamtin außer Dienst« anzufügen: »Keine Sorge. Wir wollen den Verdacht gegen Ihren Freund ausräumen. Vor allem, meine Liebe, brauche ich Ihre Expertise als Bühnentechnikerin.«

Ja, das Schreiben und das Lesen

»Eine etwas seltsame Zeugin erwartet Sie im Büro, Frau Sedlacek.«

Nicole bedankte sich bei Sabine Hofstädter für die »Vorwarnung«. Und wunderte sich. Gut, Karin Aschauers Frisur mit dem ausrasierten Blitz am Hinterkopf war gewagt und ihre Second-Hand-Klamotten entsprachen vermutlich nicht dem gängigen Bekleidungsideal einer stets tipptopp gepflegten Sekretärin. Aber »seltsam« hätte sie die Bühnentechnikerin nicht unbedingt tituliert.

Das Rätsel klärte sich rasch. Auf Reinhard Schallers Drehsessel hockte eine mindestens 80-jährige, rundliche Frau mit rosigen, faltigen Bäckchen und grauem Haarknoten, deren Füße in bequem-abgetragenen, braunen Halbschuhen zehn Zentimeter oberhalb des Bodens baumelten. Kichernd erzählte sie Mike eine Schnurre über ihre bislang einzige nähere Berührung mit der Polizei, während ihre Hände emsig klappernd ihr Strickzeug bedienten.

Mit einem Seufzer der Erleichterung »übergab« Kollege Mauser das redselige Weiblein in Nicoles Obhut, schnappte den nächstliegenden Packen Papiere und murmelte Unverständliches von »Kopieren … äh … Schreddern«. Für Uneingeweihte übersetzt bedeutete dies gemeinhin: »Ich habe fürs Erste genug und verstecke mich die folgenden 20 oder mehr Minuten in der Abstellkammer.«

Nicole legte den federleichten Daunenblazer ab, hängte ihre Handtasche auf einen der Garderobehaken und schlüpfte in ihre Uniformjacke. Verdatterung abgeschüttelt, Kappe aufgesetzt und im Handumdrehen war sie »im Dienst«.

»Sie sind …?«, begann sie das Gespräch.

»Gleich so weit«, parierte die Alte schlagfertig. »Zweimal noch das Waffelmuster in Hellblau, dann kann ich mühelos unterbrechen.«

Die Wartepause nutzte Nicole zum Hochfahren ihres Computers und Überfliegen ihres Posteingangs. Außer einem oberlehrerhaften Rundmail zur sachgerechten Verwahrung von Schusswaffen und Munition von Polizeidirektor Hofrat Doktor Schwingenschlögel war lediglich der Bericht der Spurensicherung nach der neuerlichen Durchsuchung von Eric Brunners Behausung eingelangt.

Bevor sie den Anhang öffnen konnte, flötete ihr Gast: »Das hätten wir. Los geht's!«

Erwartungsvoll drehte sich Nicole auf ihrem Schreibtischsessel in Richtung der »seltsamen Zeugin« und ermutigte diese mit einem freundlich-auffordernden Nicken, sich endlich vorzustellen und ihr Anliegen zu äußern.

Anneliese Seelig erwies sich als durchaus gewitzte und lebhaft schildernde Beobachterin. Sie hatte gemeinsam mit zwei ebenfalls betagten Freundinnen aus dem Seniorenheim das Konzert von Jonny Schlager besucht.

»Ein toller Sänger der Jonny, eine Stimme hat der! Und so fesch! Wie früher der Howard Cupperdale oder Converdale oder so ähnlich. Leider ist der ja mittlerweile hoch in den Siebzigern, Jahrgang 1946, glaub' ich. Diese Altersklasse habe ich täglich um mich herum. Der Jonny, der hat Schwung. Wenn ich vierzig Jahre jünger wär' …«

Anneliese warf der Beamtin einen verschmitzten Blick zu, die wartete gespannt auf brauchbare Ansätze. So schnell kamen sie jedoch nicht voran.

»Kindchen, hätten Sie eventuell ein Glas Wasser für mich? Im Heim denke ich nie ans Trinken, da hab' ich schlichtweg keinen Durst. Vielleicht die Aufregung? Wissen Sie, ich hab' in meinem Leben erst einmal näheren Kontakt mit der Polizei gehabt …«

Nicole bat die Praktikantin im Vorzimmer um zwei Getränke, während das ältliche Fräulein ihre Ich-hatte-schon-mal-was-mit-der-Polizei-zu-tun-Geschichte erneut zum Besten gab.

»Damals in den 80er-Jahren. Da war ich bei einer Hausbesetzung dabei. Wir haben uns mit mehreren Fahrrad- und Kellertürvorhängeschlössern an die Heizkörper angekettet. Das war aufregend. Und dann kamen ein paar recht nette Sicherheitsbeamte, die uns abtransportieren sollten. War nicht einfach, wir hatten ja die Schlüssel, müssen an die zwanzig gewesen sein, in ein Goldfischglas geworfen. Blöderweise hat niemand von uns bedacht, dass sich nach einigen Stunden gewisse … wie soll ich sagen … körperliche äh … Bedürfnisse einstellen. Nicht Hunger oder Durst, Sie verstehen …? Eher das Gegenteil. Deshalb haben wir schließlich aufgegeben. Und der Immobilienkonzern hat das schöne, alte Mietshaus abreißen lassen und einen Betonwohnsilo hingeklotzt. Jedes Mal, wenn ich vorbeikomme, spucke ich davor aus. Tut man nicht, weiß ich, doch da geht's mit mir durch. Interessiert Sie nicht, weiß ich auch. Heute muss alles ruckzuck gehen. Ich will nur klarstellen: Sonst hab' ich noch nie was mit der Exkuti … Exekuki … äh … Polizei zu tun gehabt.«

Nicole zauberte ihr beruhigendstes Mienenspiel hervor, legte begütigend ihre Hand auf den Unterarm der Berichterstatterin und fragte sanft zum Thema zurückkehrend: »Haben Sie beim Konzert vom Jonny Sachdienliches beobachten können?«

»Nein«, schmunzelte die Alte und ergänzte, bevor die Beamtin enttäuscht oder aufgebracht reagieren konnte, »aber *danach*!«

Daraufhin schwieg sie ein wenig erschöpft oder, um ihrer Mitteilung Gewicht zu verleihen.

»Zunächst hab' ich meine zwei Mädels, hihi, im Gedränge und zugleich meine Orientierung verloren. Es war ja ziemlich dunkel und ringsum dieselben Riesenscheinwerfer. Wie soll man sich da auskennen?«

Eine weitere demonstrative Pause. Wartete sie auf eine Antwort? Zuspruch? Ermutigung? Verständnis? Zum Glück war der Chef noch nicht da, der wäre ausgerastet vor Ungeduld. So jedoch konnte Nicole all ihre Empathie für bedächtige Menschen auspacken. Gespannt lehnte sie sich vor und nickte Frau Seelig wohlgesonnen zu. Das wirkte. Ein weiterer Minischluck Wasser, und Annelieses Mundwerk sprang wieder an.

»Ich bin folglich schnurstracks zur Bühne. Weil ich wusste, wir sind von rechts gekommen, also musste ich mich links halten, um den richtigen Ausgang zu finden. Schlau nicht?«

Ganz konnte Nicole die Logik nicht nachvollziehen, hütete sich allerdings, mit einer Gegenfrage von der sich anbahnenden bedeutsamen Erzählung abzulenken.

Anneliese fuhr fort: »Vor der Bühne stand nur mehr ein eng umschlungenes Liebespaar, das sichtlich die

Zeit vergessen hatte und etwas entfernt ein Mann, der sein Geschäft verrichtete. Nur die kleine Seite, aber trotzdem! Gehört sich das? Egal jetzt. Obendrein parkte da, neben dem Aufgang, ein dunkles Lieferauto, so ein Kleinbus. Jedenfalls hör' ich dahinter zwei Männer reden, einer mit einem Akzent, ein Hiesiger war das nicht – überall Fremdarbeiter heutzutage, nicht wahr? Und dann sagte die andere Männerstimme, der Einheimische, nicht gerade laut, doch verständlich und irgendwie zornig …«

»Guten Morgen, Nicole. Wieder mal die Erste im Büro? Übertreibst du es nicht schön langsam?«

»Sebi, du Knalltüte, ich bin mitten in einer Zeugenbefragung. Halt still oder raus mit dir.«

Sebastian verzog sich beleidigt an seinen PC.

»Großartig, Kindchen, das ist echte Frauenpower. Dich hätten wir damals bei der Hausbesetzung gebraucht.«

Nicole drängte: »Und, was sagte die Stimme?«

Anneliese zupfte ein zerknittertes Blatt Papier aus ihrer Westentasche.

»Ich hab' mir das sicherheitshalber aufgeschrieben, später vor dem Schlafengehen, damit ich es der Polizei wortwörtlich vortragen kann. Er sagte …«

»Ist die Luft schon rein?«, erkundigte sich Mike, der ohne anzuklopfen ins Zimmer platzte.

Nicole hingegen platzte der Kragen.

»RAUS hier. Alle zwei! Und bewacht den Eingang. Ich will keine weiteren ungebetenen Gäste erleben, bevor ich das Gespräch abgeschlossen habe.«

»Ist ja ok … «, versuchte Sebastian zu besänftigen.

»Nichts ist ok, wenn ihr nicht sofort verschwindet.«

Um ihren Worten Nachdruck zu verschaffen, öffnete die Genervte die Bürotür und schubste die beiden ins Hofstädter-Sekretariat. Bevor sie die Tür schloss, hörte sie Mike murmeln: »Autsch! Ich glaube, die hat wirklich ihre Tage.«

Nicole bedachte ihren Kollegen durch die Tür mit einem bitterbösen Blick, schnaubte einmal kräftig aus und setzte im Umdrehen ihr bezauberndstes Lächeln auf, das nicht auf Anhieb gelingen wollte.

»So, Frau Seelig, da bin ich wieder. Entschuldigen Sie die Unterbrechung, manchmal geht es hier zu wie in einem Taubenschlag.«

Mike hätte in solch einer Situation garantiert den Begriff »Laufhaus« verwendet, so viel war klar.

»Ich gebe Ihnen einfach meine Notiz, Kindchen. Dann müssen Sie sich nicht dergestalt aufregen. Das ist gar nicht gesund.«

Nicole überflog den Zettel und steckte ihn zufrieden ein.

»Eine Frage zum Abschluss: Haben Sie den Sprecher gesehen? Und würden Sie ihn wiedererkennen?«

Erneut zierte ein schelmischer Grinser Annelieses Gesicht mit den tausend Falten. In Momenten wie diesen war ihr die jugendliche Rebellin, die es mit der Staatsgewalt aufnehmen hatte wollen und die nach wie vor in ihr schlummerte, deutlich anzumerken. Liebens- und bewundernswert.

»Nicht nur das, ich habe Ihnen den Mann sogar mitgebracht!«

»Mitgebracht?«

Nicole kam aus dem Staunen nicht mehr heraus. Weder auf dem Flur, noch im Nebenraum, geschweige denn in ihrer Amtsstube war ihr ein Mann aufgefallen. War die Alte vielleicht verwirrter als gedacht?

Neuerliches Kramen in der Westentasche, bevor die taffe Zeugin eine herausgerissene Seite eines bunten Society-Magazins in Händen hielt. Nach dem Auffalten war neben einem ausführlichen Artikel ein größeres, trübfarbiges Bild der Rockband »Black Fire« zu sehen. Mit ihrem arthritischen Zeigefinger tippte die Rentnerin auf das Glanzpapier.

»Der da war's. Der zweite von links!«

Nicole stieß einen überraschten Pfiff aus, notierte Frau Seeligs Kontaktdaten und verabschiedete sich dankend von ihr.

»Bitte, zu Ihrer eigenen Sicherheit, kein Wort von Ihrer Beobachtung zu irgendjemand. Vor allem zu keinem von der Presse. Wir überprüfen diesen Hinweis. Ich melde ich mich verlässlich bei Ihnen. Kommen Sie gut nach Hause.«

»Ja, ja, gute Jause. Am Vormittag gibt es immer Obst und Joghurt im Seniorenheim.«

Trotz dieses kleinen Verständnisfehlers war Annelieses Gehör zigmal besser als jenes von Bernie, dem Ich-steh'-seit-Jahren-in-einer-120-Dezibel-Geräusch-kulisse-und-halte-Zimmerlautstärke-für-einen-Ton-ausfall-Gitarristen.

Frau Seelig packte ihre Tasche mit dem Strickzeug, nahm einen letzten Tropfen Wasser und strebte dem Ausgang zu.

Im Umdrehen zwitscherte sie: »Möglicherweise wird ja meine zweite Bekanntschaft mit der Polizei ähnlich spannend wie die erste? Wer weiß? Um ganz ehrlich zu sein: Einer meiner Freundinnen, der Erni, gegenüber habe ich eine Andeutung über die belauschte Konversation gemacht, aber die hat das bestimmt wieder vergessen. Die fragt mich jedes Mal vor dem Bild im Festsaal, wer das ist. Und wenn ich ihr antworte ›Na, der Bundespräsident‹, lacht sie mich aus und meint ›Geh, Annerl, der Fischer hat doch nicht so viele Falten.‹ Und das unter dem staatsmännischen Blick vom Van der Bellen. Herrlich, nicht wahr, Kindchen?«

's ist einmal im Leben so

»Kann da mal jemand lüften? Hier riecht es ja wie in einem Alt-Weiber-Boudoir. Diese betörende Mischung aus Lavendelkissen, Malzbonbons, Rheumasalbe, Mottenkugeln und abgestandenem Kölnischwasser.«

Einem scharfsinnigen Ermittler entging eben nichts, ein Auffrischungskurs zu kultivierten Umgangsformen wäre andererseits dringend angeraten.

»Der Vergleich stinkt«, ergänzte Mike aus seinem Vorrat an geflügelten Worten, denen er die Schwingen gestutzt hatte.

»Chef, Sie gebärden sich wieder einmal wie eine Planierraupe!«, mahnte Nicole. »Was glauben Sie, wie schwer einem in höherem Alter die Körperpflege und das Wäschewaschen fällt?«

Der »Planierraupe« fehlte es an jeglicher Empathie.

»Klaro, manchmal liege ich nachts wach, weil mich dieses Problem dermaßen beschäftigt«, meckerte er.

Seiler, der gemeinsam mit Eckensperger – heute in schwarzer Cordhose und Ton in Ton abgestimmter schwarzer, abgetragener Lederjacke – das Büro betreten hatte, eilte auf der Stelle zum Fenster.

»Erledigt Boss. Übrigens wegen Ihrer Kleidung: Haben wir ein weiteres Todesopfer zu beklagen?«

»Nicht, dass ich wüsste! Mit dieser Frage haben Sie sich allerdings in eine aussichtsreiche Position gebracht. Dicht gefolgt von unserem neuesten Mitarbeiter. Wo steckt Reinhard eigentlich? Dieser besserwisserische Lackaffe kann mir zwar gestohlen bleiben, aber sein Dienst hat längst begonnen. Sonntag hin oder her, hier schiebt schließlich jeder eine Sonderschicht. Krankmeldung liegt bisher keine auf meinem Tisch. Als sein Vorgesetzter sollte ich von ihm über Absenzen informiert werden, ganz egal, wie hoch er die Karriereleiter vor dem Absturz in meine Abteilung erklommen hatte.«

Darauf wusste niemand etwas zu erwidern. Nicole war in die Niederschrift der gestrigen Aussage von Manfred Zabek und Tereza Nemcová, die sie minütlich zur Unterfertigung erwartete, vertieft, Mike schlichtete seinen »Alibipapierstoß« ungeschreddert zurück auf seinen Platz und Sebastian ging nach der respektlosen Bemerkung hinter seinem Computer in Deckung, um eingegangene Mails abzurufen.

»Der Bericht der Spurensicherung zu Erics Bleibe ist eingelangt«, verkündete er triumphierend.

»Schon gesehen, Sebi. Was steht drinnen? Ich bin noch kurz beschäftigt.«

Die einzige Frau in der *Mann*schaft war wie so oft multitaskingmäßig unterwegs – ihr Skript durchlesend, ausdruckend, Sebastian zuhörend und sich in Gedanken auf das kommende Gespräch mit der Tontechnikerin vorbereitend.

Der Angesprochene überflog die Zusammenfassung und las essenzielle Passagen halblaut vor: »… diverses Material auf seinem Arbeitstisch, genau genommen ein grobes Brett auf zwei Holzschragen, … Lötzinn, verschiedene Drahtreste, ein Stimmgerät, Feinmechanikerwerkzeug, … unklar, ob Herr Brunner das für Reparaturen oder für eine elektrotechnische Falle verwendete. Ebenso offen, ob er das todbringende Effektgerät überhaupt bei sich zu Hause gehabt hatte.«

»Nun, in seiner Obhut war es zumindest eine Zeit lang, bevor er es Karin Aschauer übergab. Die interviewe ich in Kürze. Ich muss euch übrigens noch das Ergebnis einer interessanten Unterhaltung von heute Morgen mitteilen.«

»Ach, die Strickmamsell?« (Mike)

»Die Malzbonbon-Rheumasalben-Tante?« (Eckensperger)

»Das Weiberl, derentwegen du mich angepfaucht hast?« (Sebastian)

Nicole holte das Zettelchen mit der handschriftlichen Notiz von Frau Seelig, das sie zwischenzeitlich sauber in einem kleinen Plastikbeutel verstaut hatte, und zeigte es den dreien.

»Die vorliegende Drohung hat niemand geringerer als der Bassist, Karl Oberpolzer, in der Nacht vor Erics Tod ausgestoßen. Die Zeugin ist durchaus glaubhaft.«

»Da bin ich ganz bei Ihnen«, bestärkte der Abteilungsleiter seine tüchtigste Mitarbeiterin. »Dieser Gruppenclown hatte für mich von Anfang an das gravierendste Motiv. Technisches Unverständnis kann vorgetäuscht werden, um sich nicht verdächtig zu machen. Wo befand sich denn das komplette Equipment am Abend vor dem geplanten Konzert?«

»Laut Frau Aschauer im Bandbus, soviel ich verstanden habe. Mit Ausnahme der ominösen, grauen Tasche mit dem Verzerrer darin. Die stand unter ihrer Aufsicht, nachdem sie diese am späten Nachmittag von Eric Brunner übernommen hatte.«

Ergänzend rückte Nicole mit den neuen Erkenntnissen, die sie bei ihrem Spezialeinsatz im Musikkeller gewonnen hatte, heraus. Ihren Begleiter Joe erwähnte sie dabei mit keinem Wort. Das zarte Pflänzchen ihrer gegenseitigen Sympathie wollte sie dem rauen Spott der Männer in der Abteilung unter keinen Umständen aussetzen.

»Nun, damit kann man schon wieder ein Stück arbeiten.«

Es klang fast wie ein dezentes Lob, was der Hauptkommissar da vom Stapel ließ. Gut so.

»Mauser, Sie bestellen mir den Oberpolzer ein, gleich in unsere Vernehmungssuite lotsen und dort Wache schieben. Frau *(man höre und staune)* Sedlacek, Sie sind mit der Befragung der Bühnentechnikerin ausgelastet, Seiler, Sie forschen nach, wo Reinhard Schaller steckt. Und ich bereite mich auf das *Verhör,* denn auf ein solches wird es hinauslaufen, unseres Hauptverdächtigen vor. Wo sind die aktuellen Unterlagen?«

Der Festnetzapparat auf Eckenspergers Schreibtisch klingelte. Wie gewohnt hob der Abteilungsleiter mit der linken Hand ab, um die rechte gegebenenfalls für Niederschriften freizuhaben.

»In Ordnung Frau Hofstädter, lassen Sie sich verbinden und stellen Sie den Anruf durch«.

Das dauerte allerdings eine geraume Weile. Acht formvollendete Strichmännchen, mustergültig an je einen Galgen geknüpft, entstanden, bevor sich der Angekündigte meldete.

Die drei im Zimmer lauschten gespannt.

»Bitte, Herr Hofrat? … Habe verstanden, Herr Hofrat! … Ist in Ordnung, Herr Hofrat. … Sonst noch etwas, Herr Hofrat?«

Eckensperger knallte den Hörer unsanft auf die Gabel.

»Das war …«

»Der Herr Hofrat!«, kam es unisono von seinen drei Schlaumeiern.

»Was habe ich für ein hochqualifiziertes Team«, zischte der Kommissar bissig. »*Das war* unser interimistischer Polizeidirektor Doktor Schwingenschlögel. Für seinen unrühmlich aus dem Dienst geschiedenen Vorgänger wurde ein Posten im Innenministerium freigeschaufelt, der seinen Fähigkeiten und bisherigen Leistungen entspricht. Ich wusste ja, der Grottenolm hat einen Trumpf in der Hinterhand. Nun, er wird mir nicht abgehen. Bloß, wie es sich einer von seinem Schlag jedes Mal richten kann, passt mir gar nicht.«

Gut möglich, dass Eckensperger im Laufe des heutigen Tages ein neuerliches Stamperl »Nussernen« zum Verdauen seines Grants benötigte.

»Ein Posten im Innenministerium? Wahrscheinlich in der ›Abteilung für internationale Korruptionszusammenarbeit und Bereicherungsmaßnahmen‹. Da wird er seine bewährten Machenschaften hervorragend einbringen können«, erläuterte Sebastian sarkastisch.

»Wieder einmal wurde der Bock zum Mörder gemacht!«

»Der Bock zum Gärtner«, verbesserte Nicole ihren Kollegen.

»Eh klar! Und ist der Mörder nicht immer der Gärtner?«

Mikes Logik war schwer zu widerlegen.

»In unserem derzeitigen Fall wohl nicht«, knurrte der Abteilungsleiter. »Ran ans Werk.«

Es war abermals die Praktikantin aus dem Vorzimmer, die eine nächste Unterbrechung auslöste. Frau

Hofstädter steckte nach gewohnt manierlichem Anklopfen ihre Lockenpracht in den Türspalt.

»Haben Sie noch weitere unerfreuliche Neuigkeiten für mich?«

Eckensperger konnte und wollte seinen Unmut über seinen schleimigen Ex-Vorgesetzten nicht länger stumm ertragen.

»Nein, Herr Hauptkommissar, diesmal wird Frau Sedlacek gewünscht – eine Frau Karin Aschauer wäre hier.«

»Um gleich auf den Punkt zu kommen, Herr Oberpolzer, wir haben einen Zeugen, der am Donnerstagabend hörte, wie Sie Herrn Brunner wilde Drohungen an den Kopf geworfen haben?«

Charly, wegen der Vorladung ins Kommissariat alles andere als erfreut, hatte für die wiederholte Befragung die Badesandalen gegen bis zur halben Wade hinaufreichende, schwarze Schnürstiefel getauscht und ein T-Shirt mit der provozierenden Botschaft »Sorry, hab nicht zugehört. Meine Gedanken waren interessanter.« gewählt. Eckenspergers Verständnis für diesen »Gag« hielt sich in Grenzen.

Mit einem abschätzigen Blick auf die Aufschrift kritisierte er: »Sie halten *das* für ein angemessenes Outfit für ein VERHÖR?«

»Tut mir leid, Herr Inspektor, mein Smoking ist zurzeit in der Reinigung.«

Die Fronten waren geklärt. Der Musiker wollte seine Rolle als Hofnarr durchziehen, der Ermittler weiter Druck aufbauen. Sämtliche Zeichen standen auf Sturm.

»Was haben Sie?«, Charly schwankte zwischen Hohn und Ärger. »Einen Zeugen? Gratuliere! Hat der Nick, diese Ratte …? So eine Krätze. Also, das dürfen Sie nicht ernst nehmen, ich hatte da schon etliche Bierchen und eine halbe Flasche Ţuică, diesen traditionellen, rumänischen Pflaumen›spiritus‹, einen von der starken Sorte mit 48 %, inhaliert.«

»Mir ist das massive Alkoholproblem von Ihnen und Ihren Kollegen durchaus bewusst.«

»Sie irren, Herr Ober- und Überhauptinspektor, Probleme haben wir lediglich mit Leuten wie Ihnen, besonders mit denen von der uniformierten Truppe, die uns an den Straßenrand winken. Und mit Wirten, die uns nichts mehr ausgeben wollen, obwohl wir durstig sind.«

Oberpolzers »Scherze« ermüdeten. Nun gut, der Kasper würde sich bald in seiner eigenen Schlinge fangen. Wer weiß, vielleicht kam es in Kürze zu dem erhofften Abschluss? Und der Kommissar somit rechtzeitig zur Zusammenfassung der Fußballspiele des Vortags und zum heutigen Top-Match der Woche nach Hause. Er müsste nur ein wenig Dampf machen. In der geeigneten Stimmung war er bereits.

»Was ist nun mit Ihrer Drohung?«

»Hören Sie, da hab' ich mich – ziemlich eing'spritzt eben – zu späterer Stunde einem vermeintlichen Kumpel anvertraut. Manchmal muss man sich einfach was von der Seele reden, da legt man nicht jedes Wort auf die Waagschale.«

Eckensperger beugte sich vor und fixierte sein Gegenüber.

»Ein Sprichwort lautet: Betrunkene sagen, was Nüchterne denken!«

»Jetzt zitieren Sie sogar aus Poesiealben. Da fürchte ich mich aber«, höhnte Charly. »Schauen Sie, Herr Überdrüberinspektor, ich bebe wie ein Zitterrochen.«

»Das nennt sich Delirium!«

Eckensperger hob den Packen Papiere vor sich in die Höhe und schmetterte ihn aus etwa zwanzig Zentimeter auf den Tisch, wobei das Diktiergerät hochhopste und bedrohlich ins Wackeln geriet.

»Schön, dass Sie das Thema elektrische Stromstöße von sich aus ansprechen. Machen wir da weiter.«

»Wie? Was? Hab' ich doch nicht.«

»Zitterrochen – Fische, die Stromstöße erzeugen, mit denen sie ihre Beute betäuben und lähmen. Arbeiten Sie auch mit Stromstößen, um sich eines langjährigen Feindbilds zu entledigen?«

Eine Weile herrschte Schweigen im Raum. Der Kommissar sah sein Vis-à-vis unbewegt an. In einer Vorabendserie, resümierte er bedauernd, würde der Befragte nun wie von selbst einknicken und ein reumütiges Schuldbekenntnis ablegen. Der Bassist war aus anderem Holz geschnitzt.

»Mich derart hinzuhängen! Sobald ich den Nick zwischen die Finger kriege, gnade ihm sein Godfather. So ein falscher Fuffziger. Dabei hat der Nick selber mächtig Dreck am Stecken. Wenn der nicht bei der bulgarischen Mafia ist …«

»Als Rumäne?«

Karl Oberpolzer schüttelte empört den Kopf. Der beamtete »Spürhund« schien auf alles einen einschüchternden Konter zu haben und nicht locker zu lassen.

»Sie hegen demnach sehr wohl noch Ressentiments gegen Eric?«

»Wer hätte die an meiner Stelle nicht? Natürlich bin ich nach wie vor megazornig auf den Giftler. Was der meiner Schwester, im Grunde unserer ganzen Familie, angetan hat …«

»Haben Sie die Sache einmal von der anderen Seite betrachtet und die Rolle Ihrer Schwester überlegt?«, hielt der Beamte dagegen. »Genau genommen hat man ihr ja nichts heimlich ins Glas gemischt oder injiziert. Auf diesen Trip hat sie sich freiwillig Neugier, Dummheit, Ignoranz oder Leichtsinn begeben.«

Charly wollte aufbegehren, schluckte hör- und sichtbar die Entgegnung hinunter. Verstand denn keiner, wie sehr er sich selbst die größten Vorhaltungen machte? Als Kleinkind hatte er Evchen meist beschützen können: vor dem wilden Hausmeisterbuben, dem schwarzen Pudel der Zuckerlfrau am Eck, den hinterfotzigen Schneeballattacken auf dem Schulweg. Im Teenageralter jedoch war sie ihm entglitten, hatte ihn ausgetrickst, damit er ihr am Wochenende nicht in Lokale und Clubs folgen konnte, hatte ihn angelogen und über ihren Umgang im Unklaren gelassen. Zu spät erkannte er, dass sie rauchte, trank, sich Geld borgte, ihn bestahl, immer irrere Rauschmittel ausprobierte.

Der Kommissar, dem es nicht nur an jeder Sensibilität für Selbstvorwürfe seiner Zeugen, sondern auch an der Fähigkeit des Gedankenlesens mangelte, erhöhte seinen Druck: »Neben der Auskunft des Informanten verfügen wir zudem über einen untrüglichen Beweis. Sie hatten das todbringende Stativ unlängst in Ihren Händen, präzise ausgedrückt in Ihrer rechten Hand.«

Charlys Blick glitt über die schweren Gothic-Silberringe mit Adler-, Widder- und Totenkopf, die seine drei mittleren Finger schmückten. Die Spurensicherung hatte ein Foto mit charakteristischen Kratzern übermittelt, das Eckensperger vor den Verhörten auf den Tisch legte.

»Kollege Mauser eskortiert Sie zunächst zum Vergleich der Einkerbungen in unser Labor, um meinen Verdacht zu untermauern. Im Anschluss erwarte ich Sie wieder hier im Vernehmungsraum mit einem umfassenden Geständnis.«

Und als Belohnung »Hallo, Nussschnaps« und danach zu Hause die Beine hoch, Fußball schauen, Bier (aus der Flasche, nicht aus einer Dose, wohlgemerkt) und Fast Food. Vielleicht ein freier Montag, wenn alles glattlief? Warum schließlich nicht?

Sein Zeuge agierte nicht wunschgemäß.

»Auf ein Geständnis können Sie lang warten«, schnarrte Charly. »Ich geb' ja gern zu, den Mikroständer von der Ladefläche genommen, einen Schlag in die Luft damit angedeutet und im Suff gedroht zu haben, Eric eins überzubraten. Aber dann bin ich heim, um meinen Rausch auszuschlafen. Mit dem Nachtbus, und bis zur Haltestelle hat mich Nick begleitet. In meiner Wohnung angelangt, bin ich mit dem Gewand ins Bett gefallen und sofort eingepennt. Zu irgendwelchen Strombasteleien mit Schweißbrenner und Schraubenschlüssel war ich nicht mehr in der Lage.«

Allein die letzte Wortmeldung bewies: Herr Oberpolzer hatte ähnlich rudimentäre Ahnung vom mutmaßlichen Tatwerkzeug und von der Mordmaterie wie der viel zitierte Gärtner.

Herein, du Mädchen, so zierlich und blond

Nicole führte Karin Aschauer zur Befragung in die, dem Wochentag und der Uhrzeit geschuldet, schwach besuchte Cafeteria.

Selbst, wenn Eckensperger den Vernehmungsraum nicht blockierte, hätte seine Mitarbeiterin ihre Zeugin dem dort herrschenden einschüchternd-amtlichen Ambiente nicht aussetzen wollen. Genauso wenig wollte sie eine vertrauliche Unterredung durch die Anwesenheit Seilers gefährden. Zu ihrem bedachten Vorgehen gehörte auch ein einfühlsamer Gesprächsbeginn, den sie sich trotz geballter Ablenkungen im Büro zurechtgelegt hatte.

»Herzlichen Dank, Frau Aschauer, für Ihr Kommen. Damit bringen Sie uns in unseren Überprüfungen ein gutes Stück voran. Sie können versichert sein, wir ermitteln gegen Ihren Freund lediglich, sofern sich gewichtige Anhaltspunkte ergeben. Im Moment tun wir bitte einfach so, als wären wir zwei Frauen, die einander kennenlernen wollen, um ein gemeinsames Ziel zu verfolgen. Beispielsweise zwei Mieterinnen, die Tür an Tür in einen Neubau einziehen oder zwei Mütter von Taferlklasslern, die sich am ersten Elternabend zufällig eine Schulbank teilen. Nur wollen wir eben nicht eine beginnende Hausgemeinschaft oder das verbindende Wirken von Eltern und Lehrerin zum Wohl der Kinder fördern, sondern den Tod Ihres Technikerkollegen aufklären. Einverstanden?«

Die Polizistin hatte ihren gesamten Vertrauensvorschuss in Wortwahl und Stimme gepackt. Nun lag es an Karin Aschauer, die »ausgestreckte Hand« zu ergreifen.

Eine Zeit lang war ausschließlich das gleichmäßige Atmen der beiden Frauen zu vernehmen. Schlussendlich räusperte sich die Zeugin. Nach Nicoles Erfahrung war das ein unweigerliches Auftaktzeichen. Und wirklich, das Eis war gebrochen.

»Das funktioniert allerdings nicht, wenn Sie mich unentwegt so forschend anschauen, Frau Kommissarin.«

»Oh«, lächelte Nicole, »manchmal wird einem der Beruf zum Verhängnis, obwohl ich noch längst keine Kommissarin bin. Doch ausgiebig gemustert habe ich Sie bereits am Freitagnachmittag. Ihre Ernsthaftigkeit, Ihre Umsicht und Ihr körperlicher Einsatz haben mich beeindruckt.«

Jetzt war es an der Reihe der Technikerin zu lächeln.

»Was wollen Sie wissen, Frau Komm…, Frau …?«

»Ich heiße Sedlacek, Nicole Sedlacek. Und Sie erzählen mir am besten alles, was Sie vor der Tragödie beobachtet haben, was von der Norm abgewichen ist, Sie verwundert oder nachdenklich gemacht hat. Gehen Sie die Stunden in Ruhe durch, jede noch so unscheinbare Kleinigkeit hilft uns weiter.«

»Da es mein Debüt für ›Black Fire‹ war, habe ich keine Vergleichsmöglichkeiten zu früheren Gigs der Band. Ich kann also bloß erzählen, was mir in der Zusammenarbeit mit Eric aufgefallen ist.«

»Umso besser«, ermunterte Nicole ihren Gast. »Ich lehne mich zurück und höre Ihnen entspannt zu. Erlauben Sie, dass ich Ihren Bericht mit der Diktierfunktion auf dem Handy aufnehme?«

Frau Aschauer nickte, ging für einen Augenblick in sich und begann stockend, bald flüssiger zu erzählen.

Es habe relativ relaxt begonnen. Eric und sie wären zeitgerecht vor Ort gewesen, der routinierte Livetechniker hatte einen selbstskizzierten, bewährten Aufbauplan mitgehabt, laut dem sie die Markierungen geklebt hätte. Der Tourbus wäre bereits seit dem Vorabend auf dem Gelände gestanden. Die beiden Roadies, die sie von früheren Jobs kannte, hätten wie immer Stative, Boxen und Kleingeräte ausgeladen und aufs Podium geschafft, wo sie beide diese übernahmen, Stück für Stück in den festgelegten Bühnenabschnitt trugen und aufbauten. Ein eingespielter Ablauf, ohne Komplikationen. Wegen des geplanten Soundchecks der Vorband konnte noch nicht jeder Teil perfekt platziert werden. Auf diesen Wechsel habe sie sich geistig vorbereitet, da – nicht zuletzt aufgrund Jacks Ungeduld und gehässiger Kommentare – in dieser Phase oft Stress aufkäme. Von Dietmar Polatschek war sie gewohnt herablassend behandelt, eigentlich missachtet worden. Einem Eindringen von Frauen in sein Berufsfeld sei er zwiespältig bis ablehnend gegenübergestanden. Nach der Probe des Duos habe Eric die Mikrofone angebracht und kurz überprüft. Generell wäre er angespannt gewesen.

Bei Jacks Eintreffen habe sie einen kleinen Disput zwischen den beiden mitgekriegt, in dem es um ausständige Geldbeträge gegangen sein dürfte. Von einer gemeinsamen Pokerrunde, in der Eric Schulden angehäuft hatte, wusste sie seit längerem. Dass die anderen beiden Glücksritter zur Besetzung von »Black Fire« gehörten, indes nicht.

Auch Erics Drogenkonsum war Karin Aschauer bekannt. Niemals jedoch hatte er in ihrem Beisein irgendwelche Substanzen genommen oder ihr gar angeboten. Sie habe darüber hinweggeschaut, wie man ein nervöses Muskelzucken eines Gesprächspartners ausblendet oder rücksichtsvoll einen Sprachfehler ignoriert.

Karin richtete sich ein wenig auf und beugte sich über den Tisch. Nicole spürte die Aufgewühltheit und öffnete die Lider.

»Die Minuten vor der Katastrophe sind mir in besonderer Erinnerung – wie ein kleiner Film, der schon hunderte Male vor meinem geistigen Auge abgelaufen ist. Da steht dieser abgeklärte, an Professionalität desinteressiert wirkende Altrocker Manny und hat keinen Bock, auf die Bühne zu kommen, Jack plärrt seine rüden Anweisungen in sein übersteuertes Mikro. Eric ist aufgebracht, versucht es allerdings, zu verbergen. Seine Hände zittern stärker als gewöhnlich, er presst die Lippen hart aufeinander, seine Fingerknöchel sind weiß verkrampft. Hat er Sorge, irgendetwas könne schiefgehen, wenn *er* – wie üblich bei Auftritten dieser Größenordnung – den Soundcheck anstelle des Frontmans finalisiert? Dessen außerplanmäßiger Wunsch nach dem Effektgerät hat uns extra gestresst. Ein entbehrlicher Unsicherheitsfaktor in Polatscheks dilettantischer Tonabstimmung. Eric reagiert erbost, jetzt benötigt er einen zusätzlichen Anschluss. Er fordert mich auf, ihm eine Steckerleiste zu geben, ich finde recht schnell eine kleine, eine blaue Dreifachsteckdose. In der Sporttasche ist es ziemlich feucht. Keine Ahnung, ob da jemand gestolpert ist und sein Getränk oder sonst was reingeschüttet hat. Jedenfalls reiche ich Eric das Ding zu, damit er es in den Kabelverbund einfügen kann. Keine Zeit, ihn darauf aufmerksam zu machen, es sei womöglich nass, denn Manny drängt. Ich trockne meine Hände rasch in den Jeans ab, weil kein Tuch in der Nähe ist und alles zügig ablaufen soll. An etwas Spitzem in der Tasche muss ich mich gepikst haben, mein linker Zeigefinger blutet leicht. Eric kommt und kramt nach dem Verzerrer, ihn scheint nichts zu stören. Also denke ich mir noch ›Gut, dass ich nichts gesagt habe, ist eh Stress genug‹ und dann … dann …«

Karin schwieg mitgenommen von der Erzählung, bevor sie leise hinzufügte: »Habe ich seinen Tod verursacht mit der feuchten Steckdose?«

Demnach war nicht nur die Angst vor einer unüberlegten Aktion ihres Freundes Grund ihrer Reserviertheit bei der ersten Befragung gewesen, sondern bedeutend mehr ihre Panik, Schuld oder Mitschuld am Ableben ihres Technikerkollegen zu tragen.

»Das steht mir nicht zu, zu beurteilen. Ich habe Beweise zu sammeln, um einen Mörder zu überführen.«

Ganz absichtlich hatte die Beamtin ihre übliche Ergänzung »oder eine Mörderin« ausgelassen. Sie wollte den Fluss der Erzählung nicht durch entrüstete Gegendarstellungen oder beleidigtes Schweigen aufs Spiel setzen.

Deshalb beschwichtigte sie: »So, wie Sie die Umstände geschildert haben, waren Sie bloß ein kleines Rädchen in einer Kombination verschiedener, unglücklicher Konstellationen. Unser kriminaltechnisches Labor hat die Tasche selbstverständlich untersucht und eine zerbrochene Ginflasche darin gefunden.«

»Eigenartig, ich habe gar nichts gerochen.«

»Nun, es war auch nur Wasser darin. Eine der Scherben wird ihre Hand verletzt haben. Die Tasche gehört Manny?«

»Höchstwahrscheinlich. Bei unseren anderen Gigs habe ich sie nie gesehen. Eric hat sie mir, wie Sie mittlerweile wissen, am Vortag übergeben. Von einer darin befindlichen Flasche hatte ich keine Ahnung. Trotzdem bin ich vorsichtig damit umgegangen. Der Zipp ließ sich ja nicht mehr schließen und es war zu vermuten, dass neben zahlreichen Kabeln und Werkzeugen einige elektronische Geräte darin verstaut waren.«

Nicole wurde sich ihrer »Gastgeberrolle« bewusst. Vor lauter beruflichem Eifer hatte sie vollkommen vergessen, ihrer Zeugin zumindest ein Glas Mineralwasser anzubieten. Das holte sie entschuldigend nach und erkundigte sich gleich nach speziellen Wünschen. Hinter zwei dampfenden Tassen Grüntee setzten die beiden ihre Unterhaltung fort. Nun musste Nicole zum Kern der Angelegenheit vorstoßen, für die sie die Einschätzung der Expertin dringend benötigte.

»Frau Aschauer, wir als Ermittlungsbehörde haben es in diesem Kontext mit einer außerordentlich seltenen Verflechtung von Umständen zu tun. Ok, das war ziemlicher Fachjargon. Es ist nämlich so: Neben diesen unseligen Verkettungen, die zum Stromtod führten, liegt ein weiteres Delikt vor. Ich bitte Sie, die folgende Information vertraulich zu behandeln: An Mannys Gitarre und seinem Amp, die bei der Probe auf der Bühne standen, wurden Manipulationen gefunden. Das Einstecken und erste Anspielen des Instruments hätte unabdingbar einen tödlichen, elektrischen Schlag ausgelöst. Uns beschäftigt, ob Manny an dem Equipment getrickst hat, um Eric auszuschalten oder umgekehrt. Für Mannys Täterschaft spricht neben seiner Weigerung, den Soundcheck eigenhändig durchzuführen, laut bisherigen Erkenntnissen sowohl ein Eifersuchtsmotiv aus der Vergangenheit als auch Erics Insiderwissen um die Rocklegende, die diesem schaden könnte. Eric wiederum hätte den Bandleader beseitigen wollen, um endlich an dessen Frau, besser gesagt durch die Lebensversicherung begüterte Witwe, heranzukommen oder um dessen Platz in der Gruppe einzunehmen und so eine letzte Chance auf einen musikalischen Durchbruch zu wahren. Wie bewerten Sie die Sache?«

Karin nippte an ihrem Tee und gönnte sich eine reifliche Überlegungspause. Grüblerisch wiegte sie den Kopf, begann an ihrem Zeigefingerknöchel zu knabbern und seufzte leise.

»Keine leichte Entscheidung. Noch dazu, wo ich Manny kaum kenne. Doch, wie ich ihn in dem kurzen Intervall vor dem Konzert erlebte, kam er mir extrem launisch und wankelmütig vor mit seinen sprunghaften Programmänderungs- und Ausstattungszusatzwünschen. Wie hätte Eric ahnen sollen, welche der drei Gitarren, die für Manny laut Bühnenplan alternativ vorgesehen waren, dieser verwenden würde?«

Heut hab ich Glück

Nahezu zeitgleich betraten Nicole (von der Cafeteria kommend), Kommissar Eckensperger (aus dem Vernehmungszimmer antrabend) sowie Tereza Nemcová mit ihrem kopfbandagierten Gemahl am Arm das Büro. Der Abteilungsleiter wies Seiler an, Mike in seiner Wachpostenrolle abzulösen, den verhörten Herrn Oberpolzer noch ein Weilchen in der Klausur »dunsten« zu lassen und ihn danach mit der Auskunft »Sie können gehen, aber Sie bleiben weiterhin unser Hauptverdächtiger« zu verabschieden. Kollege Mauser erhielt einen neuen Auftrag. Er sollte aus der Asservatenkammer die manipulierte Gitarre herbeischaffen.

Den Musikerpatienten musternd, eröffnete der Chefermittler das Gespräch mit einer unerwarteten Äußerung: »Nun, Herr Zabek, wollen Sie Anzeige gegen Ihre Frau wegen Körperverletzung erstatten?«

»Ich … äh … weiß nicht … soll ich …?«

Die Frage blieb im Raum hängen. Nancy warf zunächst dem Beamten, daraufhin ihrem stammelnden Ehemann einen empörten Blick zu.

»Oder Sie, Frau Nemetzka, eine Anzeige gegen Ihren Gatten wegen Beihilfe, eventuell Anstiftung zum Betrug?«

»Nemcová«, berichtigte Nancy automatisch. »Meinen Sie …?«

»Den Teufel werden Sie!«

Eckenspergers Stimme hatte an Lautstärke und Vehemenz zugelegt. »Sie scheinen beide nicht zu realisieren, was Sie aneinander haben. Ein derart langjähriges und inniges Verhältnis in einem mindestens so beziehungsfeindlichen Beruf wie dem meinen zu führen, ist ein Geschenk. Ist Ihnen das klar? Das wirft man nicht weg. Ihr Einsatz für das berufliche Vorankommen Ihres Mannes, Frau Nemetzka, und Ihr Vertrauen in Ihre Frau, Herr Zabek, von der Sie sich niederschlagen lassen, … das ist etwas Besonderes, Einzigartiges.«

Nicole staunte – ihr Boss als Ehetherapeut. Eine ungewohnte Rolle. Hatte er versehentlich mit einem Partnerschaftsratgeber unter dem Kopfpolster geschlafen? Gewiss, an Feingefühl und sanfter Tonlage würde er intensiv feilen müssen, entscheidend jedoch war die Wirkung seiner Rede. Nancy und Manny sahen sich mit Tränen in den Augen an, der Musiker drückte liebevoll den ihn stützenden Unterarm seiner Frau, sie fuhr zärtlich über seine faltige Hand.

»Sie unterzeichnen beide dieses, von Frau Sedlacek aufgesetzte Protokoll Ihrer gestrigen Aussage, einschließlich einer angefügten ›Verzichtserklärung‹ auf jedwede Anzeige in dieser Angelegenheit. Und dann genießen Sie den Rest Ihres gemeinsamen Lebens, ob mit oder ohne Starruhm.«

Der Kommissar nahm seine Babysitterrolle für »ein paar exaltierte, öffentlich anerkannte Krawallmacher« außergewöhnlich ernst, wenn er sich dermaßen weit in deren Privatsphäre vorwagte.

Brüsk wandte er sich seiner traumverlorenen Mitarbeiterin zu: »Fräulein Grinsekatze, starren Sie keine Löcher in die Luft, sondern holen Sie die Unterschriften ein. Wir haben eine Menge zu erledigen.«

Nicole brachte das Ehepaar zur Tür. Kaum waren sie allein, zischte Eckensperger: »Nur, bevor Sie auf dumme Ideen kommen: Sollten Sie diese Moralpredigt jemals Dritten gegenüber erwähnen, können Sie sich auf eine Langzeitkarriere bei den Schülerlotsen gefasst machen.«

Danach versank er in brütendes Schweigen. Die Vorstellung, Manny hätte seine Gitarre tückisch mit der todbringenden Überbrückung ausgestattet, erschien dem Zyniker unwahrscheinlicher denn je. Der war seiner bescheidenen Meinung nach bereits vor dem gezielten Schlag mit dem Golfschläger auf sein Hinterhaupt einer von der Sorte Hirnschwachmatiker gewesen.

»Tja, die einen haben Glück in der Liebe, wir können Fortschritte beim Ermitteln verbuchen«, unterbrach Nicole die Grabesstille mit einem trostreichen Scherz.

»Wie mir zugetragen wurde, fahren Sie momentan auf beiden Ebenen Erfolge ein?«

Der alte Fuchs hatte wohl wie üblich einen Verdachtspfeil ins Blitzblaue abgeschossen. Aus den Reaktionen darauf leitete er seine Schlüsse ab. Meisterhaft im Allgemeinen. Nicole würde sich bedeckt halten, weder entrüstet widersprechen, noch verlegen zustimmen.

»Ach, Sie haben schon von meinem Gesprächsergebnis mit Frau Aschauer gehört?«, probierte sie, die Nebelgranate auf unverfängliches Terrain abzulenken. Schließlich war laut den Worten ihres Chefs eine Menge zu erledigen.

Es galt, dem entscheidenden Hinweis der Technikerin nachzugehen. Was hatte es mit den drei Gitarren auf sich? Auf der Bühne war bloß eine gestanden. Jene, die von der KTU untersucht und für manipuliert befunden worden war. Wo steckten die anderen beiden?

Eckensperger reagierte unverzüglich. Per Handyanruf informierte er Seiler, Karl Oberpolzer aus seiner »Warteschleife« zu befreien und ins Büro zu bringen.

Der interpretierte seine Wiederbegegnung mit dem Hauptkommissar offenkundig falsch.

»Tut mir leid, Herr Haupt- und Generalinspektor, ich habe nach wie vor kein Geständnis für Sie. Außer, dass ich im Winter Flanellunterhosen trage und mich im Schrank verstecke, sobald Familienbesuch angesagt ist. In Sachen Mordgelüste und Kurzschlussfallen keine News. Wird sichtlich ein zäher Sonntagnachmittag für uns werden.«

»Nur, wenn Sie meine Wissenslücken nicht zügig auffüllen. Also ersparen Sie uns Ihre Witzchen und erzählen Sie mir lieber, was es mit Mannys Gitarren-Dreifaltigkeit auf sich hat.«

Falls Charly über den Themenwechsel verdutzt war, ließ er es sich nicht anmerken. Willig gab er Auskunft.

»Wegen verschiedener Stile, wie man vermuten würde, braucht er sie nicht. Dazu sind die Instrumente einander im Klang zu ähnlich, und auf feine Nuancen versteht sich unser Frontman weder vom musikalischen Können noch vom feinen Gehör. Große Stars haben eigene Gitarreroadies, die nach jedem Song ein frisch gestimmtes Instrument zum Auswechseln bringen. Das ist aber nicht Mannys Niveau. Der spielt eine Konzerthälfte durch, ohne ein einziges Mal nachzutunen. Ein zweites Gerät auf oder griffbereit hinter der Bühne zu haben, ist prinzipiell nicht verkehrt. Es könnte ja während des Gigs eine Saite reißen, zum Beispiel. Doch diese vorsorgliche Handlungsweise ist nicht die unseres Gruppenbosses. Er schätzt es einfach, edle

Instrumente zu besitzen und mit ihnen Eindruck zu schinden. Manche haben eben mehrere Karren in der Garage und entschließen sich spontan, mit welcher sie ausfahren. Manny hat mit Sicherheit keine tiefere Beziehung zu seinen Gitarren wie andere Musiker. Im Grunde genommen sind sie reine Prestigeobjekte, auch wenn er sie publikumswirksam ›Honey Heart‹, ›Cara Mia‹ und ›Sweet Madonna‹ nennt. Wirklich gekümmert hat er sich nicht um sie. Das hat Eric erledigt. Bundlage optimieren, neue Saiten aufziehen. … *Alles klar, Herr Kommissar*?«

Eckensperger hatte sich sporadisch Notizen gemacht, umso gespannter zugehört. Sollte Inspektor Zufall gerade zu Hilfe eilen? Das würde sich durch die nächste Frage, exakt formuliert Charlys Antwort darauf, erhärten.

»Wieso stand dann beim Soundcheck nur eine Gitarre auf der Bühne?«

»Keine Ahnung, manchmal war vor dem Konzert ein Exemplar, ein andermal waren zwei hergerichtet. Eine der drei hatte Manny stets in der Garderobe. Damit er sich vor dem Auftritt ein bisschen die Finger auflockern konnte – ein paar Riffs gegen die Nervosität, ein stummes Solo zum Eingrooven.«

»Verstehe«, erwiderte der Kommissar, dem nicht *alles klar* war, Wesentliches jedoch immer klarer wurde.

»Wo sich die dritte befindet, weiß ich beim besten Willen nicht. Selbst, wenn Sie mich nochmals in das Kammerl mit den verspiegelten Scheiben sperren. Übrigens Kammerl, ich müsste beizeiten mal austreten.«

»Sie können gehen …«, begann Eckensperger und hielt seinem Gast die Tür auf.

»Aufs Klo oder nach Hause?«, wollte Charly wissen, während Sebastian Seiler in den zweiten Satzteil einstimmte: »… aber Sie bleiben weiterhin unser Hauptverdächtiger!«

»Seiler, Sie Synchronsprecher für Arme, bringen Sie mir die Unterlagen von Erics Wohnungsdurchforstung. Jetzt ist keine Zeit für müde Parodien.«

Der Kommissar blätterte hastig die paar Seiten durch, tippte mit dem Zeigefinger auf den gesuchten, besser gesagt gefundenen Absatz und ordnete an: »Versuchen Sie, Manny auf seinem Handy zu erwischen, ich will zwei wichtige Bestätigungen zu meiner These von ihm. Frau Sedlacek gleichermaßen ans Telefon! Mike kontaktieren, er soll den Schlüssel von Erics Wohnung aus der Asservatenkammer mitbringen. Sollte er schon weg sein, muss er halt umkehren. Und dann benötigen wir dringend eine Genehmigung zur Sicherstellung von zwei Beweisstücken.«

Mike langte mit deutlicher Verspätung ein und wurde prompt mit einem Rüffel seines Vorgesetzten empfangen. Der fieberte der Auflösung des Falls entgegen und empfand jede unnötige Verzögerung als persönlichen Angriff.

»Wurde die Asservatenkammer ohne mein Wissen ans andere Ende der Stadt verlegt? Oder wo hängen Sie in Ihrer Dienstzeit ab?«

Der Angeherrschte nahm betreten seine Sonnenbrille ab und druckste ein wenig herum, bis er stockend gestand: »Nichts gegen Sie, Boss … oder gegen Nicole und Sebastian, doch ich fühle mich hier in der Abteilung nicht wirklich … äh … wohl. Deshalb habe ich auf einen Sprung bei meinem Chef, dem Leiter der Abteilung ›Drogen- und Sittlichkeitsdelikte‹, vorbeigeschaut und ihn gebeten, mich möglichst bald wieder anzufordern.«

»Mike hat Sehnsucht nach seinen Bordsteinschwalben«, konstatierte Sebastian, dem die Entwicklung nur recht sein konnte.

Eckensperger reagierte erstaunlich gelassen.

»Ich werde mich nicht querlegen. Zuvor aber haben wir ein paar essenzielle Dinge zu erledigen. Sie, Mauser, fahren zu Manny. Er ist informiert und übergibt Ihnen ein Beweisstück. Sie, Seiler, dürfen nochmals in Erics Bude und holen mir ein weiteres Puzzleteilchen zur Verifizierung meiner Theorie. Und nicht zuletzt brauche ich diesen fähigen Mann aus der KTU, der das Bühnenequipment begutachtet hat.«

»Das war eine Frau«, beeilte sich Nicole mit gebührendem Stolz klarzustellen. »Diplomingenieurin Klaus, um genau zu sein.«

»Wahrscheinlich ›Senta‹ mit Vornamen«, witzelte Sebastian.

Diesmal zuckten sogar Eckenspergers Mundwinkel verdächtig, was er mit einem kräftigen Räuspern zu verbergen suchte.

Dass der »fähige Mann« eine Frau war, brachte sein chauvinistisches Weltbild mindestens so heftig ins Wanken wie die leidige Frage, warum »Logik« von einem femininen, »Zufall« jedoch von einem maskulinen Artikel begleitet wurde. Der männliche Nachname versöhnte den Kommissar nur unzureichend. Aus dem Räuspern wurde ein Seufzen.

»Dann setzen Sie alles daran, diese Koryphäe aufzutreiben, Frau Sedlacek. Sie möge umgehend ins Labor kommen, wo ich Sie erwarte. Das mit den Überstunden regle ich.«

»Für uns auch, Chief?«, wollte Sebastian wissen.

»Was tun Sie eigentlich noch hier? Sollten Sie nicht längst Ihre bevorzugte Lieblingsspurensicherungschaosunterkunft anpeilen, Seiler?«

Reich mir zum Abschied noch einmal die Hände

»Wieder einmal eine Akte, die wir erfolgreich schließen können!«, vermerkte Nicole zufrieden, als sie mit kleinen Bierflaschen, die Seiler vorausschauend auf dem Rückweg von Erics Wohnung mitgebracht hatte, anstießen.

Sie, das waren Eckensperger, Sedlacek und Seiler, das ursprüngliche, dreiköpfige Team, auf das sie nach »Einfach-Mikes« Rückkehr zur Sitte und Reinhard Schallers neuerlichem Höhenflug ins Innenministerium geschrumpft waren. Soviel aus Flurfunk und Kantinentratsch zu erfahren war, hatte man dem früheren Polizeidirektor einen fensterlosen »Verschlag« in einer Dependance zugewiesen, wo er europäische Sicherheitskonzepte sammeln und auf ihre Umsetzung bewerten sollte. Für die nächsten Monate war er dort weitab von jeder Einflussnahme auf das politische Tagesgeschehen zwischengeparkt. Doch Eckensperger traute seinem langjährigen Berufsgefährten zu, bald in gewichtigere Positionen vorzurücken. Zurzeit konnte er bloß froh sein, neben der Klärung seines Falls nicht auch noch die *Fall*stricke, die ihm sein ehemaliger Vorgesetzter spannte, überwinden zu müssen.

»Schmeckt eindeutig besser im Vergleich zu Dosenbier«, nickte Sebastian und wog anerkennend die Bierflasche in seiner Hand, »aber das war nicht das einzig Seltsame an diesen Musikern. Echt schräge Vögel – sollte jemand meine Meinung hören wollen.«

»Interessiert mich brennend«, neckte Nicole ihren Kollegen. »Fast so sehr, wie die Auflösung von Erics

Tod. Um den tut es mir wirklich leid, selbst wenn er seit Jahren an seinem eigenen Grab geschaufelt hat. Typisch für so manche Genies dieser Welt.«

Ihr Blick fiel auf die elektrischen Gitarren, die in ihren metallenen Ständern das Büro zierten und die letzten Strahlen der durchs Fenster scheinenden Abendsonne reflektierten. Drei für den Moment stumme Zeugen, die letzten Endes das Rätsel um den Verursacher der Manipulationen geklärt hatten.

»Chef, nun erzählen Sie schon, wie Sie die Nuss geknackt haben.«

Eckensperger ließ sich nicht zweimal bitten. Mit einer Kopfbewegung Marke »Schweigt und lauscht ergriffen, ihr Jungspunde« plus entsprechender Geste sorgte er für die notwendige Aufmerksamkeit.

»Vorausschicken möchte ich, dass Sie beide nicht unwesentlich Anteil an der Lösung haben. Sie, Frau Sedlacek durch Ihren konstruktiven Hinweis aus dem Gespräch mit Frau Aschauer und Sie, Kollege Seiler, wegen Ihrer gewissenhaften Auflistung der Gegenstände in Herrn Brunners Bleibe, obwohl Sie mich damit vorerst ganz schön in die Irre führten. Deshalb dürfen Sie, Hoffnungsträger eines künftigen Literaturnobelpreises, auch den Abschlussbericht verfassen.«

Der Kommissar lehnte sich zurück, trank den Rest seiner Flasche leer und genoss es sichtlich, die vergangenen eineinhalb Stunden nochmals Revue passieren zu lassen.

Entscheidend waren die Auskünfte gewesen, die er von Manny auf seine beiden Fragen erhalten hatte. Sie entwirrten die Fäden rund um die zwei zunächst verschollenen Gitarren.

Jene, aus der Künstlergarderobe hatte Manny, sobald die Bühne von der Polizei freigegeben war und er den Raum infolge der Konzertabsage räumen musste, Luuk überantwortet, der sie in den Bus packte. Von dort hatte der Bandleader sie gemäß Eckenspergers Anruf holen und ins Kommissariat bringen lassen.

Und ja, die Gitarre in Erics Wohnung mit den Initialen B.B.F., seine »Sweet Madonna«, gehörte auch Manny. Vor Jahren hatte der Rockmusiker sie bei einem seiner Amerikaaufenthalte von dem verehrten Bluesgitarristen Blind Boy Frankie aus Clarksdale, Mississippi, erstanden. In Erics Behausung war sie zur Reparatur nach der denkwürdigen Fernsehshow gelangt, weil Manny sie aus Wut auf den Moderator ziemlich unsanft von sich geschleudert und den Hals »beleidigt« hatte.

»Und was brauchten Sie von ›Senta‹, also Frau Klaus?«, wollte Sebastian wissen.

»Die Bestätigung meiner Theorie, Eric sei für die elektrotechnischen Pimp ups zuständig. Frau Klaus, eine recht fähige und hilfsbereite Kollegin im Übrigen *(hört, hört)*, untermauerte meine Hypothese, dass alle drei Gitarren auf dieselbe Weise modifiziert worden waren.«

»Das heißt, egal, welches der drei Instrumente Manny gewählt hätte, beim ersten Einstöpseln in den manipulierten Verstärker hätte ihn ein Stromschlag ereilt?«

»So ist es! Mannys Unberechenbarkeit zuvorkommend, musste Herr Brunner neben ›Honey Heart‹ sicherheitshalber sowohl ›Sweet Madonna‹ und natürlich ›Cara Mia‹, die in der Künstlergarderobe landete, gleichartig präparieren. Dickköpfig, wie der Gruppenboss nun mal war, hätte er am Freitagabend womöglich partout die Gitarre vom TV-Auftritt angefordert.«

Die beiden »Jungspunde« ließen sich das Gehörte durch den Kopf gehen. Genial, der Chef, wieder einmal. Und im Nachhinein gesehen völlig auf der Hand liegend.

Nicole hatte dennoch einen Einwand: »Wie kann Eric geglaubt haben, damit davonzukommen, falls der Anschlag geglückt wäre? Er hätte zweifellos den ersten Verdächtigen abgegeben.«

»Das war ihm bestimmt egal. Ich nehme an, er wollte den Mann, den er für die private und musikalisch-berufliche Schieflage seines Lebens verantwortlich machte, mit eigenen Augen durch seine Hand und vor seinem eigenen Abdanken sterben sehen. Und damit einen eventuell gelingenden Comeback-Triumph mit allen Mitteln verhindern. Doktor Weißenthal versicherte mir, unser Opfer hätte den nächsten Frühling nicht mehr überstanden, so geschädigt waren seine Organe bereits. Und wer weiß, was der jahrzehntelange Alkohol- und Drogenkonsum in seinem Kopf angerichtet haben.«

»Und *sein* Tod? Der war Zufall? Das gibt es doch gar nicht.«

»Es gibt nichts, was es nicht gibt. Merken Sie sich das. Außer Schlagersängern, die anlässlich eines Donnerstagabendkonzerttermins zu Mördern werden«, zog der Kommissar Nicole mit ihrem Alleingang auf.

Seine Mitarbeiterin ging darauf nicht ein. Betrübt beutelte sie den Kopf.

»Ausgerechnet sein ehemaliges Effektkistl, auf das er ein Musikerleben lang stolz war und das er Manny gewiss nur zähneknirschend überlassen hat, wurde für ihn zur Todesfalle. Tragisch, tragisch!«

»Tragik, höhere Gewalt, Fügung, unglückliche Umstände, Pech, Schicksal, Kismet, ausgleichende Gerechtigkeit – nennen Sie es, wie Sie wollen. Für uns als Behörde ist lediglich wichtig, Fremdverschulden und Vorsatz auszuschließen. Herrn Zabek, der die Wasserflasche in die Tasche gepackt hat, ist kein Vorwurf zu machen. Weshalb das Glas zu Bruch ging, lässt sich aufgrund der zahlreichen Hände, durch die die Sporttasche gewandert ist, nicht nachweisen und würde zudem am Resultat unserer Ermittlungen nichts ändern. Jener, der den Anschlag auf Manny so gefinkelt geplant hat, kann nicht mehr zur Verantwortung gezogen werden. Diese Arbeit wurde dem Richter abgenommen und durch den eigenen Stromtod quasi gesühnt. Denn Fakt ist: Der Kurzschluss wurde durch Eintritt von Feuchtigkeit in die Isolierung der Spannungsversorgung am Trafo des Verzerrers verursacht. Vereinfacht gesagt: Das Wasser – getarnt als Gin – drang ins Gerät und löste den ›Kurzen‹ aus, sobald das Kabel eingesteckt wurde. Der Stromstoß genügte, einen Mann von Erics Größe und Gewicht umzubringen. Damit ist unsere Untersuchung abgeschlossen und die Aufklärungsergebnisse können zu den Akten wandern.«

Vielleicht war es auch das Beste so. Eine Reihe von Musikern wünscht sich einen Tod auf der Bühne, nur wenige »erleben« ihn. Den Tontechniker am Mischpult und das Publikum beim letzten Auftritt kann sich halt keiner aussuchen.

»Nun sind wir im Endeffekt wieder das gewohnte Dreierteam«, bekundete Nicole.

»Und das ist gut so«, brummte Eckensperger selbstzufrieden. »Viele Köche verderben die Köchin.«

»Klar! Und aller Unfug ist schwer«, folgte die nächste Anspielung auf Mikes Zitatenentstellungen. »Was bei dem schiefläuft, würde ich echt gern wissen.«

»Ach, da hat jeder seine eigene Theorie, Seiler! Und Sie, Frau Kollegin, darf ich davon ausgehen, dass Sie keine weiteren, irgend gearteten Wünsche nach Verstärkung unserer Truppe hegen?«

»Nein, nein, bestimmt nicht, so ist es vollkommen in Ordnung. Ich bin überzeugt, wir hätten diesen Fall zu dritt im selben Zeitraum gelöst.«

»Definitorisch«, grinste Sebastian.

Kleines Bühnen- und Techniklexikon

Amp: Amplifier, umgangssprachlich für Verstärker
Dezibel (dB)**:** Einheit zur Messung der Differenz von Schallpegeln
Flankensteilheit: gibt z.B. bei einem Hochpassfilter den Pegelabfall der tiefen Frequenzen pro Oktave an
Ground-Switch: Schalter, der die Schutzerde vom Chassis trennt, früher gängige Methode, um Brumm zu vermeiden – Lebensgefahr nicht ausgeschlossen
Golden Circle: abgegrenzter Bereich unmittelbar vor der Bühne, Größe abhängig vom Künstler
Hochpass: Audiofilter, der Frequenzen oberhalb ihrer Grenzfrequenz ungeschwächt passieren lässt und tiefere Frequenzen dämpft
Kilohertz (kHz): technische Angabe für die Tonhöhe, die in Schwingung pro Sekunde (Hz) gemessen wird. Ein Ereignis, das 1000-mal pro Sekunde auftritt, hat eine Frequenz von 1 Kilohertz. Das menschliche Gehör kann altersabhängig Schwingungen zwischen etwa 20 Hz und maximal 20 kHz wahrnehmen.
Präsenzen: Bereich der höchsten Ohrempfindlichkeit von 1 bis 5 kHz
Single-Coil-Tonabnehmer: besteht aus einem Permanentmagneten und einer aus sehr dünnem Draht gewickelten Spule um diesen Magneten, dient zur Abnahme von Instrumenten mit Stahlsaiten, z.B. E-Gitarren
XLR: nach seinem Erfinder auch Cannon-Stecker genannt, Industriestandard für elektrische Steckverbindungen

Dank an

die Lektoren Hans, Dominik, Manfred
und Wolfgang
meinen Berater in Musik- und Technikfragen Jonny
und alle Musikschaffenden,
mit denen ich auf der Bühne stehen durfte.
Euch ist dieser Kriminalroman gewidmet.

Melodie Collection

Wenn man zweimal leben könnte
Aus: Zwei Herzen im Dreivierteltakt/Robert Stolz
Ich bin eine anständ'ge Frau
Aus: Die Lustige Witwe/Franz Lehár
Lieber Freund, man greift nicht nach den Sternen
Aus: Der Graf von Luxemburg/Franz Lehár
Grüß euch Gott, alle miteinander
Aus: Der Vogelhändler/Carl Adam Zeller
Ich lade gern mir Gäste ein
Aus: Die Fledermaus/Johann Strauss
Alle sind wir Sünder
Aus: Die Csardasfürstin/Emmerich Kálmán
Soll ich reden, darf ich schweigen?
Aus: Der Bettelstudent/Carl Millöcker
Warum soll eine Frau kein Verhältnis haben?
Aus: Eine Frau, die weiß, was sie will/Oscar Straus
Ja, das Temp'rament
Aus: Maske in Blau/Fred Raymond
So ein Mann ist eine Sünde Wert
Aus: Paganini/Franz Lehár
Das ist der Zauber der Montur
Aus: Die Landstreicher/Carl Michael Ziehrer
Fata Morgana
Aus: Wiener Blut/Johann Strauss
Das Geheimnis sollst du verraten
Aus: Ein Walzertraum/Oscar Straus
Ja, das Schreiben und das Lesen
Aus: Der Zigeunerbaron/Johann Strauss
's ist einmal im Leben so
Aus: Im weißen *Rössl/Ralph Benatzky*

Herein, du Mädchen, so zierlich und blond
Aus: Pariser Leben /Jaques Offenbach
Heut hab ich Glück
Aus: Die Dubarry/Carl Millöcker
Reich mir zum Abschied noch einmal die Hände
Aus: Victoria und ihr Husar/Paul Abraham

Zu den Kapitelüberschriften

18 Melodien aus den bekanntesten Operetten gliedern den Kriminalroman in einzelne Kapitel.

Das knüpft an die literarischen Erstwerke der Autorin, deutsch- und englischsprachige, großteils veröffentlichte Songtexte, an.

Lieder müssen – in Lyrik gehalten – in wenigen Zeilen eine »Story« erzählen. Im Idealfall steckt im Titel die prägnante Kurzfassung des Inhalts. Dieses Verständnis wurde als Ausdrucksform für die Kapitelüberschriften übernommen.

Außerdem vermitteln die gewählten Titel Gefühle, Situationen und Stimmungen, die sich in der Erzählung spiegeln, oft genug verbunden mit einem gewissen Augenzwinkern.

Bei der Schreibweise wurde auf die in Fachkreisen derzeit gebräuchlichste Variante zurückgegriffen.

Rockmusik und Operette sind nur auf den ersten Blick strikte Gegensätze. Tatsächlich waren es im ersten Jahrzehnt des zwanzigsten Jahrhunderts vor allem Operettenmelodien, die zu Gassenhauern und so Vorläufer von Schlagern oder Hits im Sinne von Ohrwürmern wurden. Sie begeisterten und begeistern Generationen von MusikliebhaberInnen.

Vielleicht ist das Ganze aber auch nur ein unvermuteter, liebenswürdiger Spleen? Warum auch nicht?

Übrigens – den Jonny Schlager gibt es wirklich!
Mehr dazu unter www.jonnyschlager.at

Mord auf Krankenkasse

Ein Lebens- und Kriminalroman

Was immer sich Sylvia Scherzer von ihrem wiederholten Aufenthalt im Thermenhotel »Breitner« erwartet hat: Mit dem Wiedersehen eines Jugendfreundes *und* einem Mord hat sie nicht gerechnet. Dass die Tage weder geruhsam noch entspannt verlaufen, ist ihrer Vorliebe für Kriminalgeschichten, einer unternehmungslustigen Kurfreundin und Sylvias innerem Antrieb, das dunkle Fragezeichen in ihrem Leben zu lösen, geschuldet.
Der Krimi vereint Spannung, Humor und überraschende Wendungen am Schauplatz eines Wellnesshotels. Neben flotten Dialogen und geschliffenen Kommentaren besticht der erste Krimi rund um den grobklotzig-genderunwilligen Kommissar Eckensperger durch abwechslungsreiche Charaktere wie schrullige Kurgäste, einen bemühten Hoteldirektor, eine redefreudige Kosmetikerin sowie drei liebenswerte Hauptfiguren mit all ihren Eigenarten, Brüchen und Sehnsüchten.
So entsteht beim Lesen nicht nur das Vergnügen, den Mörder entlarven zu wollen, sondern auch sich selbst in manchen geschilderten Wesenszügen zu entdecken.

ISBN Taschenbuch: 978-3-903273-05-4
ISBN E-Book: 978-3-903273-06-1
Verlag: *edition 2t_Buch*

Mord mit Abschlusszeugnis

Ein Kriminalroman

Diesmal ermittelt Hauptkommissar Eckensperger am elitären Schauplatz eines Stiftsgymnasiums, an seiner Seite erneut die emanzipierte, engagierte Mitarbeiterin Nicole »Ich bin kein Fräulein« Sedlacek sowie deren vorwitziger Kollege Sebastian Seiler.
Wo täglich mehrere hundert Personen zusammenarbeiten, bleiben Intrigen, Neid, Argwohn, dunkle Machenschaften und Hass nicht aus. Aber wieso trifft es ausgerechnet den unauffälligen, kontaktarmen Chemieprofessor Magister Thanner? Was verschweigt sein dubioser Reisebegleiter? Welche Rolle spielt die Diözese in diesem Fall? Und weiß die resolute Haushälterin Pauline Kratochwil mehr, als sie ohnehin redselig und *spirituoisiert* von sich gibt?
Diesen Fragen gehen der Hauptkommissar und sein Team mit vollem Einsatz nach und geraten dabei unter den Druck des Polizeidirektors und in die Mühlen von Politik und Kirche.
Humorvolle Dialoge lassen rasch in die Story und die Suche nach dem Täter oder, wie Nicole Sedlacek zu Recht einfordern würde, der Täterin eintauchen.

ISBN Taschenbuch: 978-3-903273-09-2
ISBN E-Book: 978-3-903273-10-8
Verlag: *edition 2t_Buch*

Erste Reihe Achterbahn

Ein Lebens- und Liebesroman

Wer hat nicht schon einmal vergessen, seinen Weckruf im Handy zu aktivieren, eine Bemerkung zu viel gemacht, mit einer übervollen Scheibtruhe gekämpft oder einen vermissten Socken in einem Tuchentüberzug wiedergefunden?

So gesehen steckt in jeder und jedem von uns ein Stück »Sassi«, über deren überraschende Hoppalas man herzlich lachen kann. Mit ihrem unverwüstlichen Optimismus zeigt sie uns zudem, jeden Tag als neue, wunderbare Chance zu sehen.

ISBN Taschenbuch: 978-3-903273-01-6
ISBN E-Book: 978-3-903273-02-3

Ruck Zuck Kochen

Ein Kochbuch für die schnelle Küche (in praktischer Ringbindung)

Zahlreiche, einfache Rezepte – vom Gruß aus der Küche über Vor-, Haupt- und Nachspeisen bis hin zu Drinks und Konfekt – laden zur raschen Umsetzung ein. Als Inventar werden ein Herd, Backrohr, Backblech, Waage, Messgefäß, ein kleiner und ein großer Topf sowie eine Pfanne, Schneebesen und ein Back-Kochlöffel vorausgesetzt.

ISBN Ringbuch: 978-3-903273-03-0
ISBN E-Book: 978-3-903273-04-7

vitamin•reich & trink•fest
Ein Lebens- und Liebesroman

Gegensätze ziehen sich an?
Manchmal nerven sie einfach nur!
Wenn die Überzeugungen einer gesundheitsbewussten Inhaberin eines Bioladens auf jene eines leichtlebigen Bierlokalbetreibers treffen, bringt das jede Menge Missverständnisse, Vorurteile, Zwistigkeiten, aber auch Selbsterkenntnisse und das Wissen um die eigene Unvollkommenheit mit sich.
Es ist nur ein Katzensprung vom vitamin·reich zum trink·fest. Vom ICH zum WIR aber ist es eine aufreibende Reise, bei der auch der Humor nicht zu kurz kommt.
ISBN Taschenbuch: 978-3-903273-07-8
ISBN E-Book: 978-3-903273-08-5

Freiheit zum Dessert
Ein Lebens- und Liebesroman

»Ehe ist wie Mahlzeit, die mit Dessert beginnt« wird Uschi von ihrem koreanischen Spezialitätenhändler getröstet. Wer nämlich glaubt, eine Scheidung sei ein finaler Schritt, ein Schlusspunkt sozusagen, irrt gewaltig. Die wahren Herausforderungen fangen damit erst an. Ein humorvoller Mutmacher für alle, die einmal in der ersten Reihe stehen und nicht immer nur unten liegen wollen.
ISBN Taschenbuch: 978-3-903273-11-5
ISBN E-Book: 978-3-903273-12-2